U1076209

不只是炸鱼薯条

# 英国萌绘旅行记

飞客流依 著/绘

浙江科学技术出版社

## 我想说的

写这段文字的时候，我刚刚过完 30 岁的生日。

曾经给自己定下 30 岁前必须完成的目标：

结婚

生个娃

出本书

出次国

结果 28 岁的时候结了婚，然后去了英国，14 天的蜜月行；29 岁的时候生了那个永远精力旺盛、永远抱不够的大头梨猫小朋友。

现在终于赶在 30 岁前完成了人生中的第一本书。

所以我可以把我 30 岁前的人生目标顺利地打上一个大大的钩。

我的故事和很多人分享过。我从小爱画画，高三时莫名其妙得了苏州一个绘画比赛的第一名，当时的政治老师专门在上课的时候晃悠到我桌子边，对我说："去考美术吧。"

我真正去系统地学画画是在高三那年的圣诞节。记得那天路边的银杏树落叶缤纷，我们全家却没有一点欣赏的心情。

关键的最后半年不去正常上课转而突击美术，是一个非常冒险的决定，从父母脸上并不轻松的表情可以看出他们心中的担忧。但是作为一个三等高中的学生，学美术也许是一条出路。

然后我就开始了上午上学、下午骑车穿过整个苏州城区去老师家上课的生活。到了 4 月份的美术会考，我一直不太擅长的素描得了高分，但是我充满自信的色彩只得了 44 分，满分是 200 分。

当时我哭了很久，觉得未来无望。好在后来的文化课我依旧保持着班级前几名的成绩，最后的高考倒也发挥得不错。

顺利进入大学，从此开始我的绘画人生。

有时候会想，要是那个时候没有大胆地去尝试考美术，现在是什么样的人生呢？也许考了个英语相关专业的学校，现在坐在办公室里整理一大堆莫名其妙的资料。所以我常说，生活很奇妙，谁也不知道明天会发生什么。

当然，到现在我还有点不相信，平凡如我竟然也能出书，而且是我最爱的绘本。整个制作过程历时一年多，中间经历了怀孕生娃，也偷偷在月子里坐在床上写过绘本大纲。白天上班，晚上回家就是画画画。终于，它出生了，成为我的第二个孩子。

所以，这是一本经历我人生重大转折的书，它不光是我的第一次，也见证了梨猫小朋友的出生，见证了我自己质的变化。

现在，它完整地呈现在大家面前，我知道还有很多不足，还有很多缺点，但确实是我用心用情的一本书。

希望看到这本书的你，能够喜欢它。

啊，接下来定一个 35 岁前的人生计划吧 ：

日本行

出一本专门给孩子看的绘本

学会潜水

或者抓住青春的尾巴最后叛逆一把去文个身

嗯，人生就要给自己定目标对不对，不管这个目标是唾手可得还是遥不可及……

另外，借此感谢梨桑对于本书给了极大的支持。还有我英明的母上大人和老爹，毅然决然地让我冒险参加美术会考。感谢我的编辑一直在帮助我。也感谢帮忙的出走豆豆同学。

最最重要的，这本书送给我可爱的小梨猫，请耐心等待麻麻的下一个作品。

飞客流依

写于 30 岁生日后的第一天

## 他们说的

如果不是因为在弄猫空的事儿，估计也不会认识飞客流依。

2009 年，我们在平江路的一个小弄堂里开了一家小书店，因为不在主路上面，所以留意到的客人很少。当时因为喜欢插画，所以就寻思着在豆瓣网上办插画比赛，一来宣传自己，二来看看能不能找到志同道合的插画师，来补充我们的明信片设计。

第一次投稿征集，就看到了一个画着红色长发的 Q 版女生，居然还长着一对猫耳朵！因为是网上征集，所以只知道这是一个叫飞客流依的女孩子画的。

那年秋天，一个没什么客人的傍晚，我在店里看店，进来一个女孩子，个子好高呀。她支支吾吾地说："我喜欢你们书店，弄得好好呀。我是飞客流依呀。"我想了半天，哦，原来流依是在苏州的呀。我大叫了一句："你要帮我们猫空画画！"她也乐，害羞地笑了："好呀好呀。"

就这样认识了。她常到我们书店来玩，认识了我们猫空大部分员工。有时候会在创意市集上碰到，所有的题材里面，都会出现那个长着猫耳朵的红发女孩子，不知道这是不是她自己的影子？

流依很勤奋，常会在她的微博上看到她通宵画画。她也是少数不拖拉完成稿子的那么几位之一。流依还自己做了一些插画周边产品，参加大大小小的创意市集，一眼望去，那个个子最高的摊主就是她啦。

流依是一个开朗的女孩子，遇到的几次都是笑呵呵的。可以画自己喜欢的东西，而且能一直画下去，应该是很幸福的吧。只有内心喜悦，笑容才会那么感染人。流依作为地道的"苏州小娘鱼"，苏州的细腻都刻在了她骨子里面。这让她的画显得那么与众不同。生活的点点滴滴，讲得有滋有味。

有一段时间没看见她了，再次看见她的微信，她居然有宝宝了！很幸福的样子。那个叫“梨猫”的小男生渐渐成了她微信里面的主角，当妈妈的幸福在各种慌乱中体验着。

2015 年 7 月，流依在微信上邀请我给她的新书写一段话，我欣然接受。和猫空合作的插画师朋友，好几位都出了书，这也许是每一位插画师的梦想吧。而流依一边照顾着她的“梨猫”小朋友，一边抽空画着关于“蜜月”的故事，我有幸能在这里唠叨几句，也觉得很开心。

看飞客流依的书，总是很轻松，每一件糗事都被流依记录了下来，读到这些文字，可以感受到流依那满满的爱。也希望你能有缘翻到这本书，喜欢上这本书。如果有机会，可以来苏州，说不定在微风徐徐的夜晚，她正在我们书店里，讲她画画的趣事。

但愿一切都好。

猫的天空之城概念书店

创始人　徐涛

2016 年 8 月 2 日

不是简简单单的旅行绘本哦！除了切实有用的出行信息以外，还有很多作者独到的幽默！比如“苏格兰格子裙里面有没有内裤”，又比如海德公园里不怕人的鸭子们，“能吃吗？”“怎么吃？”“好吃吗？”之类特别有“人性”的想法！捧起这本书，有时你会看得喜上眉梢，有时你会读得捧腹大笑，总之，跟着作者的脚步，边看边有一种“我也想去英国”的冲动，而且还是“我要捧着这本书，把英国她去过的地方都体验一下”的那种冲动！

插画师　绘本作者

猴头虫

2016 年 7 月 21 日

一个风轻云淡的笑容，带着真诚与治愈的力量，恰如她笔下的画。

这是我认识的飞客流依，人生各个阶段仿佛都自带少女光环，给人温暖的插画师。

初次见到飞客是在多年前苏州的一次创意市集上，那次无意间被隔壁摊位上她可爱又不失特点的作品吸引，留下了印象，但并没相识。时隔不久的再一次偶遇是在林清玄的讲座上，中间只隔着一个座位。

飞客是个很喜欢动手画的插画师，作品就如她的日志一样，有着女孩特有的各种情绪，也有着她“苏州小娘鱼”特有的气质，那份特别涌入画笔，流进画里。画中的鸟儿眨着纯真的眼睛，露珠滑过绿叶……蹦跶着可爱的飞客喵会把你带到微风拂起水波的苏州古桥下、小河边，请你喝一口沁人的桂花酿。

对绘画的执念让我们聚到一起，办过独立的插画刊物，三个好朋友一起面对着种种快乐的“麻烦”。那段时间飞客身上的坚毅是会闪光的，那种坚毅正是她绘画过程中源源不断的能量。

幸福说好般地降临。如今的飞客喵有了梨桑和小梨猫，为人妻、为人母的飞客，画风也越来越细腻和甜蜜。

这本书大概是飞客最好状态的呈现！率性可爱、温柔细腻，有着小调皮的飞客伴你开启一段神奇的英国之旅。

呈现在你面前的是一本真诚好读、浸满作者甜蜜幸福的美丽读物。透过飞客的画笔，你会看见一个不一样的英国。

谢谢我的好朋友，飞客流依！

上海最世文化签约插画师

宋洋美术签约职业艺术家

木小雨 ASAPH

2016 年 8 月 11 日

# 目录

## 01 GOGOGO 去英国



旅行从这里开始吧……

# GOGOGO
# 去英国

一直有出国旅行的计划，但是目的地很难确定。日本还是菲律宾，又从尼泊尔想到俄罗斯再想到不丹，最后看着电视上正在播放的《Skyfall》，身为007死忠的梨桑一拍大腿："你不是喜欢哈利·波特和福尔摩斯吗，那我们去英国吧！"我的脑海里立马浮现出公主和城堡、绅士和骏马的画面，然后就这么愉快地把英国之行定下来了。

说实话，从来没想过我的第一次出国会去英国。这个国家对于我来说太过遥远。双层巴士，红色电话亭，大侦探福尔摩斯，帽子高高的卫兵，还有超长"待机"的女王……这些只在电视或者书本上出现的人和物，有一天竟然能亲眼去看。所以在忐忑的心情下，开始了出国的准备工作。

因为决定自由行，所以前期准备工作都要自己完成。第一次出国，去的又是比较难签的英国，加上时间很赶，所以整个人的神经一下就紧绷起来，全身细胞一起运作。

在网络上查找资料，开始准备签证需要的材料。去银行开存款证明、拉信用卡和工资卡记录，到公司开在职和准假证明，拍中规中矩的证件照……所有文件再翻译成英文后，驱车到上海递交给大使馆，接下来能做的只有耐心等待。

在网络上充斥的各种拒签的负面消息中，忐忑地等了两个星期，终于得到签下来的通知。得到通知的那个瞬间整个人长长舒出一口气，心中的各种不安一下子烟消云散。不过这还只是开始，一堆需要立马拍板的事情等着我们去办。

一边等待大使馆快递护照给我们，一边开始着手解决飞机票和住宿的问题。

贴

购票：
携程网 www.ctrip.com。

住宿：
www.booking.com。
Booking这个网站非常实用，有世界各地的酒店信息，支持中文，直接在网站注册就可以预订酒店。

签证过了才能买机票，机票时间又决定住宿问题，还得掐准时间向公司提前请假，所以得到签证通过消息的那一天晚上，我们就开始在携程上选机票了。

现在想想也挺大胆，为了赶在暑假旅游高峰前出行，看的都是一个星期内起飞的飞机，价格贵不说，票源还特别紧张，加上又不想在转机的时候耽误太多时间，所以可供我们选择的班次寥寥无几。好不容易定好心仪的航班，都准备付钱了，就因为耽误了几分钟时间，转账的时候发现票已出售，只能再找。

最后定好了三天后起飞的机票。这时我们的护照还在快递来的路上，行李没有准备，公司假还没有请，酒店也都没有订……

既来之，则安之。我和梨桑一边互相安慰，一边分头行动，他开始准备行李，我则通过网络和远在英国的梨妹交流。我是个有轻度洁癖的人，所以酒店档次可以不高，但是一定要干净，而梨妹则从安全和方便上为我们考虑，所以两个人隔着 7 个小时的时差，通过 QQ 和微信沟通，交流来交流去，最后订好酒店的时候距离出行只有一天时间了。

梨桑的行李也整理得差不多了，他又着手联系上海机场附近的停车场，解决车辆停放问题。等这些问题全部解决好的时候，我们两个瘫坐在沙发上，连话都不想说了。

我以前出门旅行，总是一个双肩包走天下。这次要出国，前前后后加起来也有 14 天的时间，所以准备了一个亮骚的红色行李箱。

身在伦敦的梨妹告诉我，最近伦敦奇热，弄得他们天天睡阳台。听了她的话，我决定清凉夏装走到底，所以我的行李箱里全是美美的衣服，各种短裙短袖，后勤部长梨桑的行李箱里则出现了各种食物、洗漱用品、充电器……我负责貌美如花，他负责扛包养家。

看着梨桑的行李箱里塞满了泡面、榨菜、香肠之类的食物，我一脸鄙视，他倒自己先解释了起来："英国这种地方，没什么东西好吃的，整天汉堡薯条的你能吃得下？"我点点头："曾经吃过一个月的汉堡，这种程度根本不算什么。"虽然我一再坚持难得出个国，总归好吃好喝的都要尝试一遍，但是梨桑始终不肯把泡面从他已经鼓鼓囊囊的行李箱中拿出来，也只能作罢。

# 行李一览

1．各种 T 恤、吊带衫
2．长得像短裙其实是短裤的短裤
3．内衣包
4．几乎是我标志物的红色单肩包
5．冷能保温热能脱的薄外套
6．国人标志，旗袍款的连衣裙
7．美美美美的蕾丝连衣裙
8．牛仔短裤
9．可装饰可御寒的围巾，颜色是百搭的灰色
10．拖地丝质长裙，非常适合拗造型
11．苏格兰风格的裙子
12．朋友从泰国带回来的小包包，贴身携带放证件和钱
13．零食袋，内有牛肉干、糖果、口香糖
14．化妆袋
15．Pad 是个好东西
16．小说、速写本、颜料盒、自来水笔

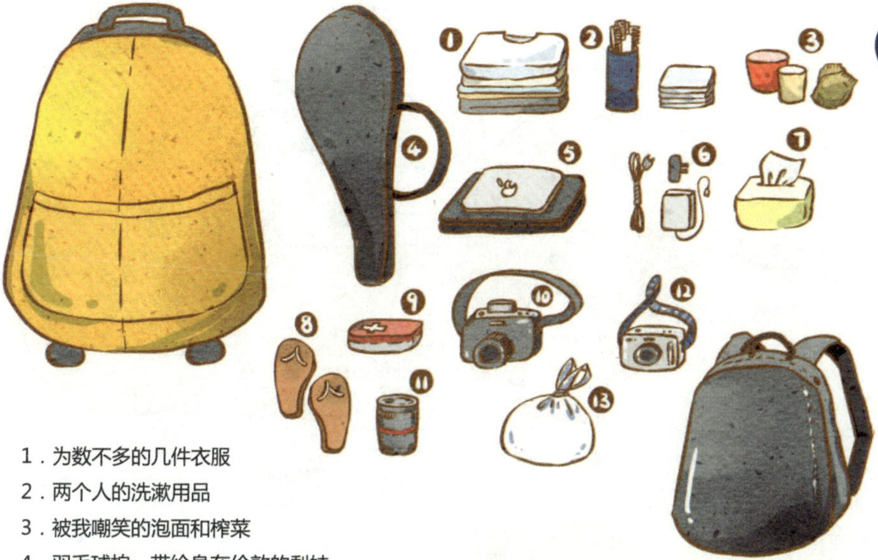


1．为数不多的几件衣服
2．两个人的洗漱用品
3．被我嘲笑的泡面和榨菜
4．羽毛球拍，带给身在伦敦的梨妹
5．笔记本电脑和 Pad
6．各种充电器和电源转换器
7．抽纸
8．两个人的拖鞋
9．装满各种药的药盒
10．我的佳能无敌兔
11．我的 50mm f/1.4 定焦和 17-40 镜头
12．梨桑自己的微单
13．食物，带给身在伦敦的梨妹

**贴**

用网兜装的半块肥皂，可以洗衣服，还能洗手。在酒店中用完后挂起来很快就能晾干，放到行李箱中也不会滑腻腻、湿答答了。
英国的电压和国内不同，电源转换器非常必要。当地的很多酒店也有出租。
湿纸巾不可少，外出擦手或在酒店擦马桶坐垫非常好用。
拖鞋也不可少，到了酒店可以解放双脚，洗澡的时候还能防滑，没事出去遛个弯也能穿。

说句后话，已经做了万全准备的梨桑还是在整个旅行结束后瘦了 2 斤，除了拖行李背相机累的，还有一个重要原因是饮食。作为一个无米不欢的人，梨桑在英国 14 天只吃了一顿中餐，天天西餐根本吃不下，即便回到酒店，对着泡面他也一点胃口都没有。

“我把这辈子的西餐都吃掉了……”梨桑如是说。

而我，回来后重了整整 4 斤……

终于，明天就是出发的日子了。

因为要早起，我们很早就睡下了，但是心中不免有一些激动。再过一天，就要踏上一块离家很远且从来没有踏过的土地，不知道会有什么样的事情发生……

想着想着，慢慢睡着了……

明天见吧~

02

# 飞机是个头痛事

转眼就到了出发的日子。天还没亮便驱车赶往上海浦东国际机场。看着太阳慢慢升起，我们终于到达目的地，停好车子，又马不停蹄地往机场里走。在那里，等待我们的是一架蓝白相间的漂亮大飞机。

因为是从中国出发，所以飞机上配备了一名中国空姐，幸运的是她正好负责我们这一片，所以点餐也不需担心语言问题。

机餐不错，还有冰激凌和各种小零食，吃得我眉开眼笑。

东西都准备好了，完全无压力。
时间一长看你还笑得出来！
哇哇哇!!
有孩子在哭。
宝宝乖，不哭啊，妈妈抱抱。
婴儿啊！
哇!
哇哇哇哇哇哇哇哇哇哇
3个小时后
天啊，他怎么还在哭？
一路没那么简单啦。
天啊，这孩子怎么还不停，都哭5个小时了，这样下去真的没关系吗？
我好困好想睡觉，但是哭得我好揪心。
我还好啦，对哭声免疫，睡觉无压力啦。
9个小时后
哇哇哇哇哇哇
各位乘客，飞机即将降落，请您做好准备。
哇哇哇哇
天哪，这个孩子竟然从亚洲哭到了欧洲！

飞机起飞后一直往西飞，追赶着下午 3 点的太阳。从俄罗斯上空飞过的时候看到了大片的沙漠，小朵的白云均匀分布在半空中，在沙漠上投下一片片椭圆形的阴影，从舷窗看下去，好像大海中的星星岛屿一般，非常美丽。

同机的有一个还在喂奶的小孩子，估计耳膜不适应，几乎整个行程一直在哭。家长和空姐轮番上阵安抚却没有一点作用，孩子就这样哭了一路。我们坐得很近也几近崩溃，但是大家都束手无策。

经过 11 个小时的行程，飞机终于降落在了荷兰阿姆斯特丹史基浦机场。

荷兰和我们有 6 个小时的时差，加上纬度的关系，虽然当地时间已经是晚上 8 点多，但是这个时候天空中的太阳才刚刚偏西，阳光依旧灿烂。

因为娃娃的哭闹，整个行程几乎都没有睡觉，说不累那是假的。也没有想象中那么兴奋，总觉得还在中国，没有异地的感觉。

下了飞机伸了个大大的懒腰，着地的感觉真好！

我们在阿姆斯特丹有 3 个多小时的时间等候转机，所以便在偌大的机场里转悠。满眼都是荷兰的特产，有卖郁金香的花车、大木马，还有最著名的木头鞋子。

想着回国时还会在这里转机，所以买了几个冰箱贴便收了手。

到了时间，换乘一架小型客机，飞了没多久就到了伦敦的希思罗国际机场。

希思罗国际机场是世界上最繁忙的机场之一，在全球众多机场中排行第三。机场位于英国英格兰大伦敦希灵登区，离伦敦市中心 24 公里。顺利办完入关手续，取了自己的行李，便和早已等在那里的 W 君碰面了。

W 君是梨桑的妹夫，和梨妹一直生活在伦敦。也多亏了他来接机，带着我们坐火车一路晃到市区。下了火车已经是当地时间 11 点多，好心的梨妹夫妇收留我们住了一晚，约定第二天一早带我们游伦敦去。

说个小插曲吧。

入关的时候，我和梨桑被分开安排在不同的窗口。轮到我时，一位表情严肃的大叔问我："为什么来英国？"

我伸出左手，指指无名指上的戒指："蜜月。"

他四处看看，又问我："那你丈夫呢？"

我指指旁边窗口的梨桑。大叔很生气，一脸"你们夫妻两个为什么分开入关"的表情，说道："到你丈夫那一起入关！"

我悻悻地走到梨桑那，才顺利入了关。

大叔你生什么气嘛。

到了伦敦，
太阳才刚下山，
整个人已经恍惚到没
任何感觉的地步了。
冷飕飕一阵风，冷！
中国超过30℃，
伦敦只有20℃不到。
街上穿什么的都有，穿皮草的，穿短袖T恤的，四季完全混乱了……
皮草 冬
西装 春
T恤 夏
am4:00 苏州起床→pm3:00上海起飞
11小时→荷兰 3小时+1小时→伦敦 5小时→睡觉
31个小时木有睡！
我要睡了，一切明天说
Z Z Z
已经睡死の某只

友情提醒：

肉制品是严禁携带的，笼统来说就是中文里包含“肉”字的东西都不可以哦！

话说我估计是长了一张完全无害的脸，几年前去世博会的时候也是携带着水瓶就晃荡进去了……

WE'RE COMING
London
CHINA
Suzhou

03

# 我们到了

经过一个晚上的休整，第二天就满血复活的我们在W君和梨妹的带领下开始向伦敦市中心挺进。
伦敦，我们来了！
早上好啊！！
话说，走在大街上你不觉得哪里不对劲吗？
全是脑袋，都看不到路了。
我不觉得啊……
还是国内好，人少……
那是因为在你视平线以下的人都被你无视了（包括我）……
比我还高一个头！！
10cm
高！跟！鞋！
我都不敢穿。
姑娘你都要2米了！！

在W君和梨妹家借宿一晚，第二天一早出门，一行4人向伦敦市中心挺进。

今天他们夫妻俩带领我们进行伦敦市区一日游。因为前一天到伦敦已经是半夜，加上对于一个城市的陌生感，我们并没有顾得上好好看这个地方，现在总算有机会好好观察一下了。

虽然伦敦是一个人口密集、经济发达的城市，但是见惯了国内拥堵的街道和拥挤的人群，反而觉得这个城市并没有想象中那么热闹。而且伦敦的天气和苏州很像，潮湿中夹带着温暖，所以没有一点不舒服的感觉。不过，一路走过去，满眼都是异国的建筑和各种肤色的人，才真切地感觉到自己身在离家几千公里以外的地方，脚踏的是一片从未接触过的土地。

英国和中国成年男性的平均身高差

走着走着，觉得有一些异样，总感到哪里不对劲，过了好一会儿才意识到一件事，那就是身高。我在国内算是绝对的高个子了，178厘米到哪都能傲视人群。但是走在伦敦的街上，生平第一次体会到被人群淹没的感觉。身材魁梧的黑人、高挑的欧洲人、瘦长的印度人，再加上那些已经很高但还脚蹬10厘米高跟鞋的姑娘……178厘米的身高根本没有任何优势。同行的W君和我一样高倒还算没压力，梨妹和梨桑完全是丢入人群中找不到的节奏。

好吧，我尽量适应这个地域身高差吧。

贴

去贝克街可乘坐地铁，
棕色线 Bakerloo，
紫色线 Metropolitan，
粉色线 Hammersmith & City，
黄色线 Circle，
到 Baker Street 站下车。

玩之前得先办正事，W 君带着我们去了酒店。酒店位于伦敦西部的贝克街附近。这个名字很熟悉对不对？没错，贝克街 221 号就是大侦探福尔摩斯的家了。到底是打着大侦探的名号，连地铁站里都是大侦探的元素。一出地铁就看到站台墙壁上大大的福尔摩斯头像，凑近一看，这些图像又是由无数个拇指大小的头像拼凑而成的，非常有意思。地铁出口处矗立着高高的福尔摩斯像，路上还能见到穿着侦探服分发传单的人。

我们的酒店位于离贝克街几步之遥的诺丁汉广场（Nottingham Place），是一家名为 Regency Hotel 的 B&B 酒店。B&B 酒店类似民宿，包含床位（bed）及早餐（breakfast）。4 晚 540 英镑的价格对于我们来说稍微有些肉痛，不过因为酒店订得比较晚，又正好赶上伦敦的 summer 季，游客非常多，再加上酒店的地段还算不错，所以便咬咬牙订了。

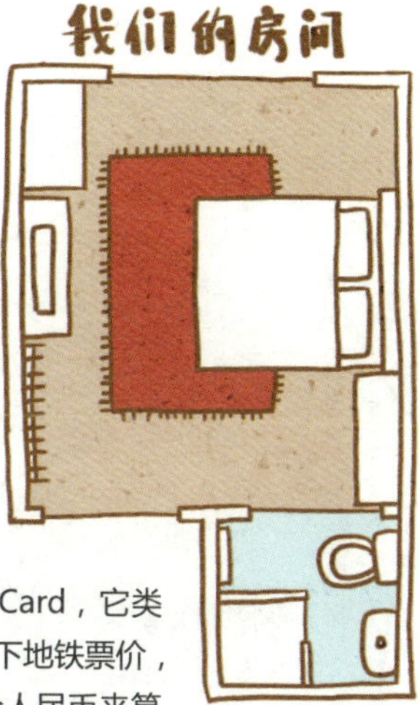


酒店门面不大，接待处是一位不苟言笑的印度大叔。搞定 check-in，我们将行李拖进房间，简单地休息过后，一行人准备开始正式游伦敦。

伦敦有着四通八达的地铁系统，所以地铁成了我们出行的主要工具。细心的 W 君给我们准备了 Oyster Card，它类似于国内的地铁卡，刷卡直接进站，省得排队。留心了一下地铁票价，基本在 2 英镑以上，折合人民币……好了，还是不要折合人民币来算吧，交通费也是大支出啊。

伦敦地铁站的每一个站台根据所在地的特色会有不同的墙面装饰，坐着地铁一路看过去也是相当有趣。

坐地铁时一定会经常听到里面的提示音“Mind the gap”，意思是让大家注意脚下空隙，不要踩空，每到一个站都能反复听到。

说起这句话还有一个故事。这句话是一位名叫奥斯瓦德的英国演员在20世纪50年代为伦敦地铁录制的，然而随着科技的发展，越来越多的地铁站采用电子提示音，取代了人声的录音。2007年奥斯瓦德去世后，伦敦只有Embankment站还在播放他的录音，于是，他的妻子便经常坐在那个站台里，一遍一遍地听丈夫的声音。2012年11月，她发现丈夫的声音被电子提示音取代了。伤心的她给车站写了一封信，希望得到这句录音的磁带。车站得知原委后，将这个站的提示音重新改为奥斯瓦德的录音。

我们专门绕路探访了这个站台。下了地铁，站在川流不息的人潮中，仔细辨别着这句话，可惜噪音太大，没能清楚地分辨出到底是人声还是电子音。

值得一说的是，英国人非常有礼貌，动不动就把“Excuse me”这句话挂在嘴边，地铁上尤甚。一趟地铁坐下来，听到五六遍基本不是问题。走路不小心互相碰到了，赶时间需要借过的……总之很多情况下都会说出一句“Excuse me”。几次下来，我和梨桑也赶紧入乡随俗，把这句话挂在了嘴边。

因为准备带我们参观伦敦最繁华的地方，所以W君和梨妹决定第一站去有着“伦敦之肺”美称的海德公园（Hyde Park）。

从贝克街站坐地铁直接可以到海德公园。一到公园就看到大片草地，视野十分开阔。在伦敦这个寸土寸金的地方还能规划出这么大片绿地也确属不易。公园里动物很多，在树上看到许多蹿上蹿下的松鼠，湖边还有完全不怕人的天鹅和鸭子。

看着鸭子们肥硕的大腿，我心中反复出现三个问题：

“能吃吗？”

“怎么吃？”

“好吃吗？”

鸭子们无所畏惧地看看我，挑衅地抖动它们屁股上的羽毛，朝我“嘎嘎”了两声，就扑通一声跳进河里，游走了。

我们沿着公园里的戴安娜小道走到皇家驿道上，可惜没见到马队，只看见黄色的土地上满是马蹄印子。梨妹介绍说，一到夏天，公园里就会举行音乐会，有时候还会办起游乐会。可惜6月份还有点早，没办法一窥这热闹的景象。

贴 去海德公园可乘坐地铁，深蓝色线 Piccadilly 到 Hyde Park Corner 站下车。

戴安娜小道

# 高大上的“英式下午茶”

Scones

Fruit & Plain Scones

Strawberry Jam & Clotted Cream

下午 W 君和梨妹请我们品尝位于 Basil Street 的 The Capital Hotel 里的正宗英式下午茶。听说这家店的下午茶非常受欢迎，想品尝的话还必须提前预订。好在梨妹掐准了我们到伦敦的时间果断下手，让我们体验了一把。

相传 19 世纪 40 年代一位名叫安娜的公爵夫人为了打发无聊的下午时光，发明了下午茶，后来此举在贵族中广为流行。下午茶用三层瓷盘塔来装盛，上面两层为蛋糕和水果挞之类的甜点，最下面一层放三明治，另外还有传统英式点心 scone 配合着一起吃。总之，这是让眼睛和胃一起享受的时刻。

Sweet Delights

Lemon Verbena Meringue

Vanilla Doughnut, Hibiscus & Apple

Dark Chocolate & Honeycomb Tart

Lavender & Almond Sponge

Strawberry & Elderflower Cream

Rosehip & Ginger Cake

Sandwiches

Smoked Salmon & Cream Cheese served on wholemeal bread

Egg Mayonnaise & Mustard Cress served on a white bread roll

Mackerel Pate & Cucumber served on wholemeal bread

Roast Sirloin of Beef with Horseradish served on white bread

犒劳完自己的胃，我们向哈罗德百货公司（Harrods）挺进。

哈罗德百货公司可以说是世界上最著名的百货公司，号称“什么都可以买到的百货公司”。以前还可以贩卖各种珍禽异兽，后来因为不合法便不再贩卖活体动物了。曾经看过一个故事，讲的是一个年轻人在哈罗德买下一只小狮子取名塞巴斯蒂安，然后和他一起长大。那个时候就对这个神奇的百货公司充满了兴趣。

因为正赶上伦敦的购物季，商场门口到处可以看到提着哈罗德特色绿底金字购物袋的人。刚进门，便有工作人员提醒背着双肩包的梨桑把包拿下来提在手上。除此之外，衣冠不整者也是不能进入的。

因为哈罗德的前所有人是一个埃及人，所以楼梯及电梯间可以见到不少埃及元素，非常有异域风情。另外，我们熟知的戴安娜王妃，她的男朋友就是哈罗德百货的前少东家，所以在地下一层还摆有他们二人的纪念坛。传闻英国王室非常不喜欢这个百货公司，但是这里又有很多王室认证的商品，所以是真是假也只能当成一个趣闻听听罢了。

另外，哈罗德也是中国游客必逛的景点之一，商场里黑头发黄皮肤说着中文的同胞随处可见，我还看到说着家乡话的三个姑娘从我面前走过……

逛完百货公司，我们坐上双层巴士转战西敏寺地区。因为过几天要深度游，所以下车后只是走马观花地走过议会大厦和西敏寺大教堂，没几步路便到了唐宁街。

唐宁街（Downing Street）10 号便是首相府，离议会大厦和财政部也只有数步之遥，可惜首相府外被黑色的栅栏拦住，真枪实弹的警察站在门外一脸严肃。不少游客站在门口想一探究竟，但是什么也看不到。我走近看了看警察腰间的手枪，吞了吞口水，这是人生中第一次看到真的手枪啊！W 君问我是否要和警察合影，我立马摇头拉着梨桑赶快溜了。

唐宁街不远处的皇家马厩（Royal Mews）是为英国王室饲养马匹的地方。我们去晚了，没有看到骑兵骑马的情景，不过还有穿着皇家制服的卫兵在那里站岗。对着他们按下快门以后，发现其中一位朝我挤眼睛，当下我就对着他大声笑了起来，估计弄得其他人莫名其妙吧。

因为纬度的关系，夏天的伦敦黑夜来得特别晚。当我们结束一天的行程又走回大本钟（Elizabeth Tower）的时候，虽然已经是晚上 7 点多了，但是天空依旧明亮。我们站在西斜太阳的余晖下看着不远处的议会大厦，听着大本钟整点敲响的悠长钟声，只希望时间能够停止，让自己再好好享受下这异国的风情。

明天呢？又有什么美好的东西在等着我们呢？

04

# 艺术熏陶的一天

今天开始自力更生，只有我和梨桑两个人单独行动。早上睡了个懒觉，在酒店用过早餐后就开始了一天的行程。

今天是博物馆一日游，因为走路比较多，所以穿上绿色及地长裙，美美地出发了。

坐上地铁慢悠悠地朝目的地前进。

值得一说的是，英国的地铁系统非常发达，而且深入地下，所以自动扶梯通道修得很长。不过英国人在电梯上只站在右手边一道，左边那一道是让给有紧急情况的人使用的。虽然人流密集，但是地铁上下井然有序，没有拥堵的情况。当我们站在电梯底部朝上看的时候，细长的电梯右边统一站着整齐的队伍。英国人似乎不那么喜欢交流，加上地铁站里没有手机信号，所以人虽然多，但是只能听到电子提示音和“嚓嚓”的脚步声，没有其他多余的声音，整个画面让人觉得好像是运作的机器内部，零件按部就班地默默运行着……

快到博物馆的时候发现一家美术用品商店，二话不说立马溜进去。

一进去就傻眼了，满墙的架子，架子上全是各种看过和没看过的画材，当场恨不得全部打包抱走。

店铺内部看上去有点年头，木质的地板走上去会发出“嘎吱嘎吱”的声音。再往里走是满墙的油画颜料，一位满头银发、腰已经弯成 90 度的老奶奶在慢慢挑选颜色。那个时候就感觉时间静止了，光线中老妇人的银发微微闪着亮光，好似一幅画。所谓活到老能画到老，应该是所有画者的愿望吧。

我觉得这种地方就像封印了灵感一样，看到的一切本能地在脑海中同步出画面，怎么用光，色彩如何搭配，恨不得立马坐下画出来。

踩着嘎吱作响的地板，我在店里流连了好久，最后选了印度手工水彩纸和两瓶彩色墨水，才一步三回头地离开了。

大英博物馆（British Museum）是世界上历史最悠久、规模最宏伟的综合性博物馆，也是世界上规模最大、最著名的博物馆之一。藏品达 1300 万件之多，不过这些东西大多数是英国从 18 世纪至 19 世纪发起的战争中掠夺得来，主要受害国家包括希腊、埃及、中国等，所以从踏进博物馆的那刻起，心情略显复杂。

博物馆主体建筑风格为古罗马柱式建筑，非常壮观。

中庭比较有意思，穹顶由 1656 块玻璃组成，太阳一照，在地面上映射出规则的几何图案。中庭中间的圆形建筑是博物馆的公共图书馆，对公众开放。

参观前可以在博物馆门口领取免费的导览图，不过为了支持公共事业，还是自觉地在钱币箱里投了 1 英镑。

贴

大英博物馆全年开放，
每天开放时间：10:00~17:30。

交通：乘坐伦敦地铁在 Holborn，Tottenham Court Road，Goodge Street 或 Russell Square 下车。

另外推荐一套书：《大英博物馆世界简史》。
书中介绍了博物馆中最具有代表性的 100 件展品，感兴趣的同学可以提前阅读做好功课再参观博物馆。
相信你会有别样的收获。

大英博物馆的建立源于汉斯·斯隆爵士的遗愿，他一生共收藏 7.1 万多件物品。他希望在自己去世后这些藏品还可以完好地保存。为了国家的利益，他将所有的收藏捐赠给了国王乔治二世，回报是他的继承人获得 2 万英镑。

国家接受了他的捐赠之后，于 1753 年 6 月 7 日通过的国会法案批准建立大英博物馆。

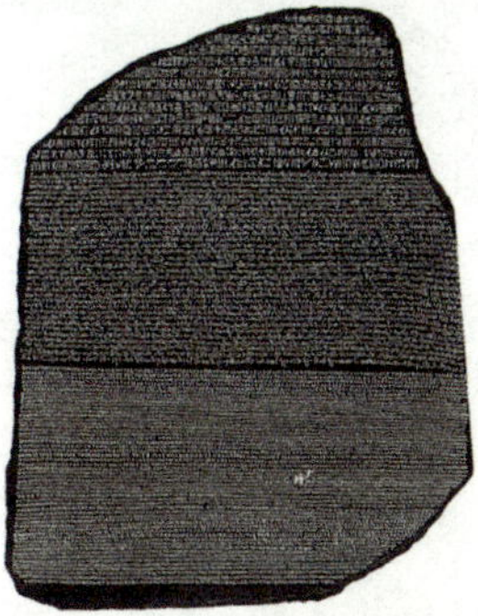

博物馆精品展区之一的埃及馆是必逛的展区，其中收藏的古埃及文物年代久远，数量又极其庞大，所以按照导览图，我们先逛了埃及馆。

作为镇馆藏品之一的罗塞塔石碑也在其中。石碑高 1.14 米，宽 0.73 米，制作于公元前 196 年，刻有古埃及国王托勒密五世登基的诏书。石碑上用希腊文字、古埃及文字和当时的通俗体文字刻了同样的内容。

除此之外，还有几具不知是几千年前的木乃伊，和我们只隔着薄薄的一层玻璃。对着这些已经风干泛黄的“尸体”，我怎么也提不起拍照的兴趣。

埃及馆有着 7 万余件藏品，仅次于开罗博物馆。想必那些拉美西斯的后代看着自己的祖先在别国的土地上被人参观，心情也好不到哪里去吧。

希腊馆是和埃及馆并列的另一精品展区，其中最震撼我的就是涅瑞伊得斯纪念碑。英国人竟然把这么大一个建筑分割切块后整个给搬回国了！还有帕特农神庙里的大理石雕刻，整整 3 个展厅共 2000 多平方米！希腊人曾多次要求英国人把这些雕塑还给他们，可英国人就是不还！

网上看到有些同学去了中国馆后就愤愤不平，踏进这个展馆，我的心情确实有些复杂，因为这是收藏中国流失文物最多的一个博物馆，据说藏品达到 2.3 万件。展出的藏品只是馆藏的 1/10，类似《女史箴图》唐代摹本这类名气震天响的藏品一般人是无缘见到的。

而且讽刺的是，博物馆中专门用来存放中国文物的藏室名字叫“斯坦因”。为什么？因为斯坦因从中国顺走了很多很多东西，“贡献”特别大……

好多藏品，
太赞了!!

从大英博物馆出来，直奔英国国家美术馆。

才到门口就被一个印度人拦住，他指着地面上一大张白布，递了支笔到我手里。我不明所以，再一看，脚边上的那块白布上有黑笔打好的大格子，有几格已经被涂上了国旗，原来是让我画国旗啊。顿时爱国情绪上来了，蹲下来三下五除二，一面鲜艳的五星红旗就出现在画布上。我满足地起身要走，却被那人一把拉住要钱。问他要多少，回答我“3 英镑”。问他为什么画一张图要这么贵，印度人指着笔和我说“损耗费……”好吧，真想在国旗下面用中文写上一句“勿画，要钱”！

不过一路看下来，路边大部分卖艺的、大多数店铺里的伙计、路上卖奇怪食物的流动摊贩都是印度人。印度是英联邦成员国，印度人到英国非常便利，所以很多人背井离乡到英国打工谋生。想想他们也不容易，便不再介意。

生活不易，且行且珍惜。

英国国家美术馆（The National Gallery）位于英国伦敦市中心特拉法尔加广场的正北方向，是以绘画收藏为主的国家级美术馆，收藏了从 13 世纪至 19 世纪创作的多达 2300 件的绘画作品。最有名的馆藏是达·芬奇的《岩间圣母》、梵高的《向日葵》、扬·凡·艾克的《阿尔诺芬尼夫妇像》等。

美术馆免费对公众开放，本着自由捐献的原则，我们在门口的捐献箱里投了 2 英镑，然后拿了一份美术馆的中文导览图。

整个美术馆非常大，藏品又很多，所以没有办法全部仔细看完，大多数是走马观花看一圈，挑一些有名的多看几眼也就过去了。

国内的美术馆我也看过不少，鲜少看到有人拿着画架在里面临摹，但是在这里看到好几个气定神闲的老者，架着画架，拿着画笔，蘸着油画颜料，一笔一笔慢慢临摹。边上有游客停下来观摩，他们也不受干扰，继续调着自己的颜色。看得我热血沸腾，默默下决心，一定也要生命到何时，绘画就到何时！！

美术馆分为 4 个大的展厅。

蓝色标注的 Sainsbury 厅里保存的是中世纪晚期的绘画作品。这些作品多与宗教有关，其中包括杜乔、扬·凡·艾克、波提切利、达·芬奇等的作品。

棕色标注的西厅里保存着 1510 ~ 1600 年文艺复兴全盛时期意大利和日耳曼的绘画作品，其中包括许多巨幅绘画，米开朗基罗、拉斐尔、提香等巨匠的作品都有展示。

橙色标注的北厅里收藏着 1600 ~ 1700 年的绘画作品，其中包含极具个人特色的卡拉瓦乔、任性的肖像画师伦勃朗等的作品。

绿色标注的东厅里保存着 1700 ~ 1900 年的绘画作品，包含了 18、19 及 20 世纪初意大利、法国和英国的绘画作品，风景画是一大特色，也有浪漫派和印象派的许多佳作。透纳、康斯太勃尔、德加、塞尚、莫奈、梵高等的作品也都能欣赏到。

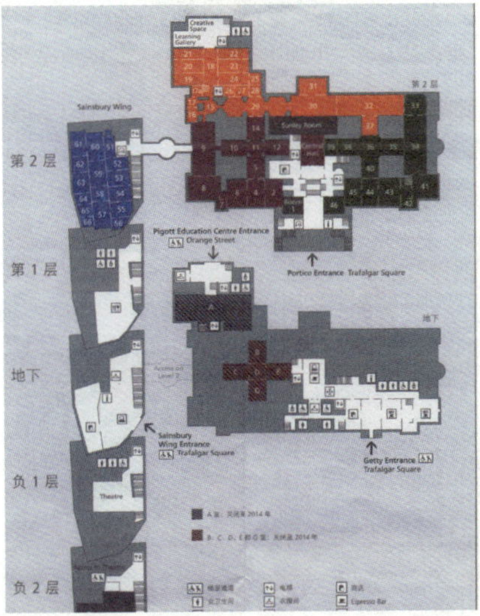

《埋葬》，米开朗基罗·博那罗蒂（Michelangelo di Lodovico Buonarroti Simoni，1475—1564）。

《镜前的维纳斯》，蒂埃哥·委拉士开兹（Diego Velázquez，1599—1660）。

《维纳斯与战神》，桑德罗·波提切利（Sandro Botticelli，1445—1510）。

贴

交通：最近的地铁站是 Charing Cross 、Leicester Square 、Embankment。

开馆时间：每天 10:00 ~ 18:00，周五延长到 21:00。
1 月 1 日、12 月 24 ~ 26 日闭馆。

说实话，我出行前从不做攻略，这次逛美术馆之前也没有特意去了解这里有什么藏品，但是当我拿着导览图看路线的时候，差点尖叫起来。我心目中排名第一的画——扬·凡·艾克的《阿尔诺芬尼夫妇像》竟然也在这里。记得初中的美术课上，老师介绍这幅画的时候我就在想：这幅画到底如何精细？镜子里的人到底画得如何？还有墙面上的签名细节又是怎么样的？可惜书本上只有巴掌大的一块印刷图片，细节完全看不清楚。再后来网络盛行，我搜索过大图，但是电脑上的图片总觉得没有真实感。

虽然比这幅画出名的作品有很多，但是这幅画始终在我心目中占据着最重要的位置。

之前一直知道这幅画在英国，但是匆忙的行程竟然让我完全忘记了还有这么一回事。当我在导览图上看到这幅画的介绍时，已经顾不上《向日葵》或者是《岩间圣母》了，一门心思想要找到这幅画亲眼看上一遍。

当这幅画真真切切出现在我面前时，没有任何围栏，只有一片薄薄的玻璃，我可以凑到画前 10 厘米的地方仔细看上无数遍。

因为下午 6 点闭馆，而我已经在这幅画前看了半个小时还没有过瘾，梨桑不得不把我拖走去看其他馆的藏品。走的时候我又回头看了一眼，画中的夫妇安静地站在那里，我默默对他们说了再见，有生之年，一定要再来看你们。

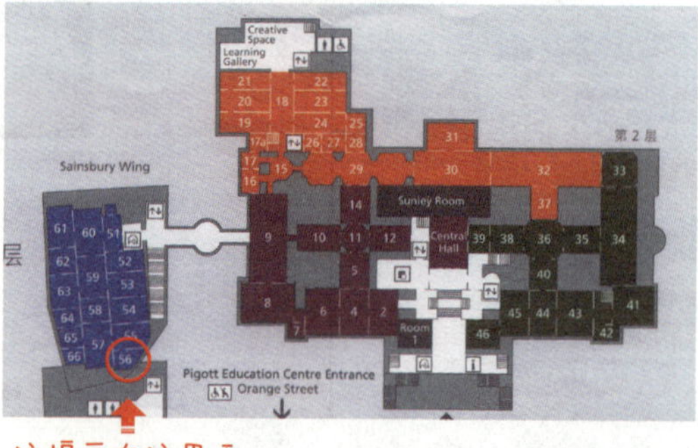


这幅画在这里哦.

英国是绅士的发源地，而美术馆这类与艺术相关的地方更是绅士的高频率出没场所。在一幅战马的油画前，一位穿着笔挺三件套的银发老者，一手手指轻搭在下巴上，另一手放在胸前，一动不动地坐在那看着画作。他身后来往频繁的人群一下就没入背景中，一张媲美影星的脸以及深邃的双眸，让我这个“爷爷控”恨不得上去握手合影顺带拥抱。当时特别想和他说话，但是看着他如此入神地欣赏一幅画作，又不想打扰他，只有把这个画面狠狠记进脑海中。

# 看完女王看恐龙

今天一早就起来了，坐上地铁直奔白金汉宫（Buckingham Palace）而去。

白金汉宫换岗和我们天安门的升国旗仪式类似，但是，英国人的广场和天安门广场根本不能比。对见惯了国内人山人海、接踵摩肩的我们来说，国外的“人海”根本不算什么。我正在得意的时候，不对……等等……什么情况？

人虽然不多，但是，他们都高啊！我完全忽略了外国人的身高。在国内我站在人群后面，还能越过大多数的头顶看到前面，但是面对人高马大的“歪果仁”，我再次深深体会到淹没在人海中看人后脑勺的感受，完全被遮得严严实实啊！看不见啊！还挤不过去啊！

好不容易人群移动了，我跟着前进的人群慢慢移到了前面，才能吃力地越过别人的肩膀看到戴着高帽子的卫兵们……

## 高个子人墙

仪式还没有开始的时候，有警察在现场维持秩序。我看到英姿飒爽的女骑警，骑着高头大马，佩带着手枪，不苟言笑，有游客走进管制区域会一脸严肃地喝止。

与之形成强烈对比的是维持秩序的普通警察，挺着肚子抓着双手，笑眯眯地看着游客，不时还与游客互动开几句玩笑，看到镜头也会配合地朝你笑。

随着鼓乐声响起，新一班卫兵从惠灵顿兵营（Wellington Barracks）出发，一路行进至白金汉宫前广场，与老一班卫兵在这里举行交接仪式。

守卫白金汉宫的女王禁卫军共有七个团。两个骑兵团分别是生命卫队骑兵团和蓝色皇家骑兵团，他们穿戴电镀的银色头盔胸甲，骑着高头大马。步兵团里走在最前面的是掷弹兵卫队，他们是英国王室的嫡亲部队。第二是冷溪卫队。虽然排在第二，但他们是英军最老的部队。为了平衡，王室特批了他们的口号为"Nulli Secundus"，中文意思是"不是老二"。第三是苏格兰卫队，第四是爱尔兰卫队，第五是威尔士卫队。步兵们头上戴着的熊皮礼帽特别显眼，不过出于保护动物的原因，现已改用人造熊皮了。

贴

每年4~9月，白金汉宫于上午11:30~12:00举行换岗仪式，其他月份每两天在上午11:30举行一次。

交通：地铁 St James's Park 站或 Victoria 站下车，也可乘11、211、239、C1、C10线公共汽车到 Buckingham Palace Road 下车。

白金汉宫换岗仪式最好的观看地点是正对白金汉宫大门的左侧或者右侧栏杆前。
换岗仪式期间，游客只能隔着铁栏杆观看大门内的换岗仪式。 如果想近距离拍摄，12点之后换下岗的卫兵会围着白金汉宫正前方的维多利亚女王雕像走半圈，这时候是按快门的最佳时机。

说老实话，这个时候非常能体现国人的自豪感，因为整个仪式中，卫兵走起来参差不齐、懒懒散散，和中国军人相比，真的是……

仪式进行到一半的时候，梨桑突然很激动地抓住我，大声说："Skyfall 啊，他们在演奏 Skyfall 啊！！"我竖起耳朵仔细一听，确实是 007 电影《天幕坠落》的主题曲《Skyfall》。这首曲子也是梨桑固定的手机铃声。从这点上看，又让人觉得他们比中国军乐队更亲民和可爱呢。

贴 通过白金汉宫上面的旗帜可以知道女王在不在里面。如果宫殿上方旗帜飘扬，那说明，女王大人正在里面哦！

以前看过一本书，书上说世界上收藏植物图鉴数量最多、品种最丰富的地方是英国自然历史博物馆（Natural History Museum），那个时候就对着文字发呆，心中问自己，什么时候才可以去这个地方看看。所以这个在游客中人气并不高的博物馆成了我一开始就决定要去的地方。

这个博物馆是欧洲最大的自然历史博物馆，有各种标本多达 7000 万件。这里是孩子们开展课外活动的最佳场所。我们才进大门，就看到穿着制服的萝莉和正太们拿着速写本排队等待入场。

排队了一会儿，就从华丽丽的圆形拱门中进入博物馆，拿了导览图，开始我们的科普之旅。

贴

地址：Cromwell Road，London　SW7 5BD。

交通：乘地铁 Piccadilly、Circle 或 District 线到 South Kensington 站下车。

网址： http://www.nhm.ac.uk。

开放时间： 10:00 ~ 17:50（每月最后一个周五开放至 22:30，12 月 24 ~ 26 日关闭）。

推荐一本书——《发现之旅》。
书中描述了大航海时期，生物学家和图鉴画师跟着船队去往新大陆找寻新的物种，因为有了这些人，英国自然历史博物馆才有了那么丰富的藏品。
也是因为这本书，我萌生了一定要去英国自然历史博物馆的念头。

另外推荐一部和英国自然历史博物馆有关的电影——《帕丁顿熊》。最后熊仔和妮可·基德曼的对手戏就是在这个博物馆里拍的，影片中还能看到大厅里标志性的恐龙骨架。

一进大门，就被巨大的恐龙化石骨架吸引了。长约 26 米的雷龙骨架摆放在大厅正中间，走在它的脚边不禁感叹不同物种的差别，默默地感谢数千万年前的那颗陨石，如果不是它正好撞击了地球造成恐龙的灭绝，现在恐怕就没人类什么事情了。

博物馆的右翼是恐龙化石展区，在专门的展厅里，我们沿着高高低低的台阶上上下下，在各种恐龙化石骨架中穿行。展厅中昏黄的光线打在骨架上，影影绰绰间营造出一种略带神秘的气氛。这里没人高声说话，就连孩子也安静地走着，估计是被这些史前大家伙们吓到了，生怕一点动静就让这些以前的霸王们苏醒过来。

在展厅出口处有一只巨大的仿真霸王龙，这个名叫“T-Ray”的霸王龙摇头摆尾，东看西看。我看着它的小短手，正想着它怎么抓痒，冷不防它突然大吼一声，震得人浑身一抖。孩子们特别喜欢它，看得欢天喜地。我默默地摸摸胸口，愤愤地说：“小短手！”

展厅里还有专门供触摸化石的地方，手指碰到已经石化而粗糙的骨头表面时，总觉得触摸到了时间的肌肤，让人有一种不可思议的感觉。

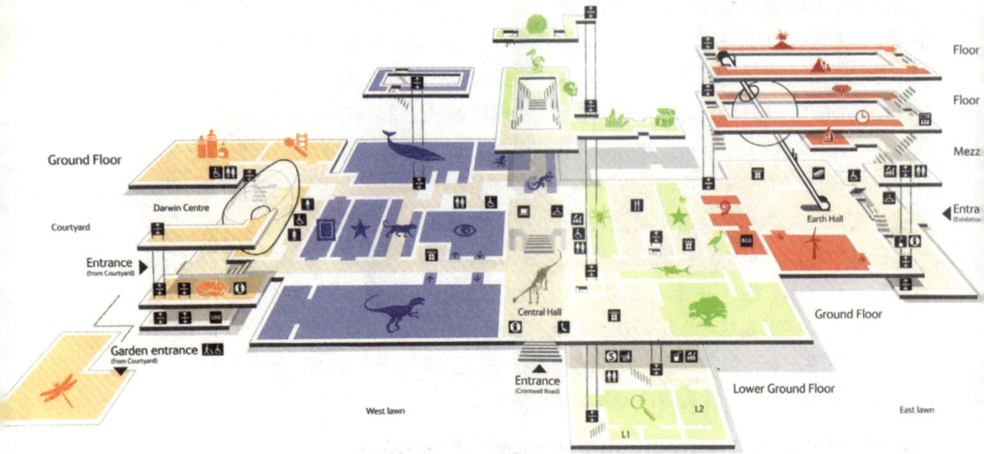


一楼的左翼分别是海洋生物、鸟类、爬行动物的展厅，不管是哪个物种，展厅都被塞得满满当当。虽然它们已经不会动弹，但是走在其中，总能感觉到身为人类的渺小，心中对生命产生一些敬畏和感叹。

顺着台阶往上，路过沉思的达尔文雕像，来到二楼。

二楼有我钟爱的矿石标本，一走进展厅就被震惊了。天啊，全部是矿石！偌大的展厅里排放着数百个展示柜子，我趴在柜子上一块石头一块石头地看过去，恨不得砸碎玻璃直接抓了丢进袋子里抢走。

一个个细细看过去，花了相当长的时间，全部看过一遍以后，直起已经酸疼的腰，觉得比吃了美味还要满足。此生无憾了。

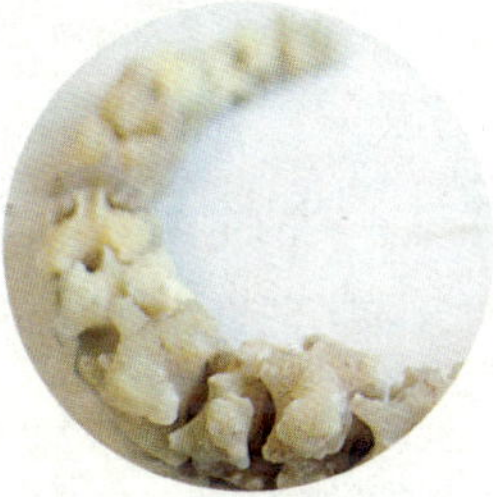

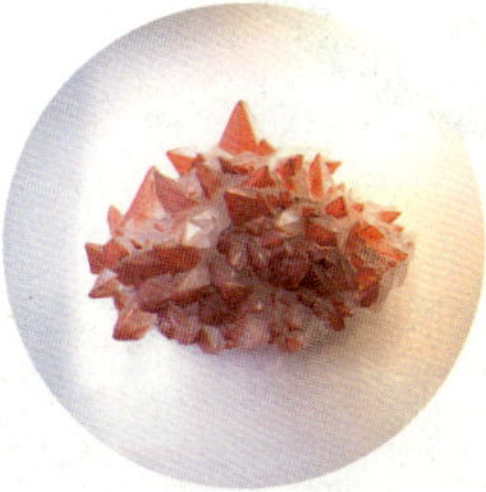

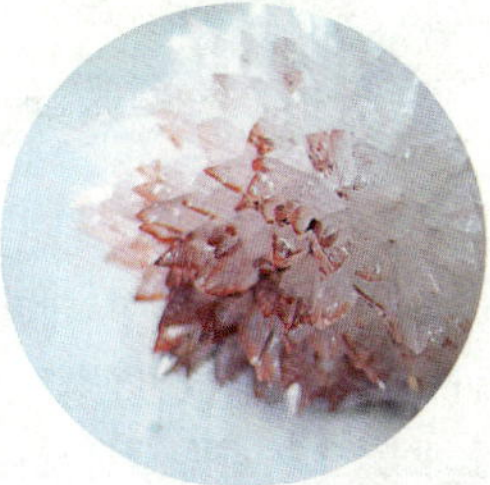

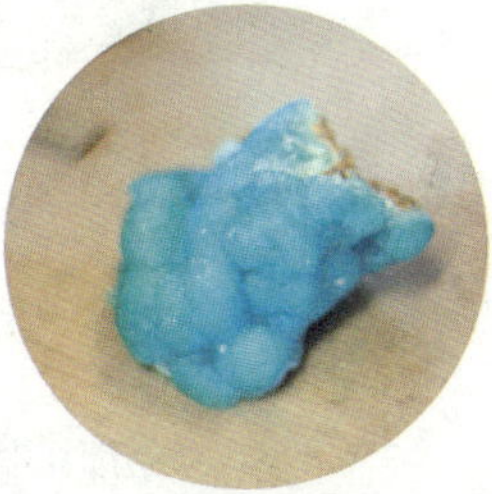

再说一下博物馆镇馆之宝之一的红杉树切片，这个大家伙像砧板一样竖在二楼和三楼之间的台阶转弯处。原树有 1300 多年的年纪，切片上按照年代分割出不同的年轮位置。

想想真是神奇，对于一棵树来说，人一生的时间只是它身体上的几圈年轮而已，时间的概念在不同物种身上也会变快或变慢。

美国某博物馆里也有一棵上千年的红杉树切片标本，不知道是不是从同一棵树上切下来的。真希望人类只砍伐了这么一棵古树，其他的能够继续扎根在土地上好好地再活上千把年。

从博物馆里走出来，我和梨桑好久都没说话。我们都被这些曾经灿烂的生命震撼了。人类既伟大又渺小，伟大地创造了无数科技和文明，却在大自然中只是渺小的一个物种。我们这个物种破坏太多，杀戮也太多，也许对于地球来说，我们人类真的只是一个多余的存在吧。

因为伦敦的地铁非常方便，所以我们七拐八拐就到了塔桥。

作为伦敦地标之一的塔桥，是泰晤士河河口的第一座桥，所以也有“伦敦之门”的别称。

整个桥身分上下两层，下层是双向车道和人行道，上层是观光通道。当有大型游轮通过的时候，桥身会从中间分开，左右两半分别向上折起，待船只通过后再缓缓下降恢复原貌。

据说塔桥目前每周仅开启一两次，而我们非常幸运地亲身经历了一次。等桥合拢、车辆再次通行的时候，我们站在合拢的缝隙处往下看，美丽的泰晤士河就在脚下。

中午的时候，饥肠辘辘，在去英国自然历史博物馆的路上找了一家小店，进去点了传说中的英国国菜——炸鱼薯条，梨桑点了鸡和肋排套餐。

等菜端上来的时候我们傻了眼，分量实在是太足了吧。我的餐盘里有一大块鳕鱼，还有半盘子手指粗的薯条。我再看看梨桑的盘子，他的更夸张，超过 25 厘米长的肋排，淋着满满的酱汁，旁边还有一份薯条和 1/4 只鸡。

我们不说话，各自埋头苦吃。当我还剩下半块鳕鱼的时候已经撑得不行了，而梨桑的盘子里还有半条肋排。这时候我总算明白为什么其他桌的小情侣们会合吃一份了。

结账的时候，20 英镑出头，按照分量来算，应该是相当便宜了，好超值。

# 06

# 洗澡小城和大石头

梨妹在伦敦帮我们定了巨石阵和巴斯小镇的一日中文团，所以今天安心地把自己交给旅行团就行了。

早上开始下起小雨，气温骤降。穿着薄外套和及膝裙的我，在等巴士的时候被风吹得花枝乱颤，直到上了大巴，才回过气来。

导游是个年轻小伙子，一路上有一句没一句地和我们瞎扯，可惜游客们兴趣寥寥，他也只能悻悻然坐下去不再说话。

梨桑天生晕车，黑人司机开车又比较猛，还没开多久他就脸色煞白，靠在玻璃窗上动弹不得。一路上没人陪我说话，我只能一个人这里看看那里拍拍，好在窗外景色还不错，整个行程不算无聊。

巨石阵（Stonehenge）建造于公元前 2300 年左右，距今已经有 4000 多年历史了。这几块神神道道的石头一直和外星人、史前文明联系在一起。虽然很多人认为这是古人为观测天象而建造的，但是我始终认为它们和复活节岛上的巨大石像一样，都是外星人建造的。

梨桑一离开巴士，脚踏在地上，晕车立即就好了，拉着我顶着大风大雨冲到巨石阵的围栏边。因为导游只给了我们 20 分钟参观巨石阵，所以我们也没买票进去，隔着围栏远远地看了几眼就跑到附近的咖啡店觅食去了。

个人觉得，巨石阵身后的谜团绝对比石头本身更具看点。坐很久的车到这里，周边除了草地没有其他景点，买了门票进去后也只能远远观望，估计大多数人会觉得有些索然无味吧。

回到车上，黑人司机继续大脚油门出发，梨桑立马又脸色煞白不能动弹了。晕车这个东西，立竿见影的效果还真的是蛮有趣的。

一路继续开，路过一个转盘的时候，黑人司机方向盘一转就开始绕，结果这个第一次开车去巴斯的司机为了在转盘上找出口而绕了整整三圈！！亲爱的司机大哥，GPS 虽然反应慢，但是这个转盘也就两个出入口，您至于这样绕半天吗？

一路借助 GPS 艰难地到达巴斯（City of Bath），先去了皇家新月楼（Royal Crescent）。

这幢远看又扁又长的楼是巴斯最为恢宏的古建筑群，由 30 幢楼组成，整个建筑呈现新月形，除非用广角镜，不然很难近距离把它们都拍进去。新月楼 1 号为博物馆，展出许多珍贵的文物、肖像等。一部分是当地最高级的星级酒店，例如皇家新月饭店。剩下的建筑则改建为新月楼旅馆 (Royal Crescent Hotel)。

不过因为跟团旅行，没有那么多时间进去参观，只能在建筑外面的绿色草坪上打个滚，发个小呆。

偷偷告诉你们，比起皇家新月楼，我更喜欢外面绿油油的大片草坪呢。

贴

博物馆开放时间：
2 月 ~ 12 月，
周一 12:00 ~ 17:30，
周二 ~ 周日 10:30 ~ 17:30，
最晚入馆时间 16:30。

巴斯是一个依温泉而建的小城，很多人知道它是因为英国女作家简·奥斯汀的《傲慢与偏见》，这篇塑造出完美男人达西形象的小说就是她在巴斯完成的。

这个小城只有大约 10 万居民，但这里又是英国唯一一座入选世界文化遗产的小镇，所以不大的地方每年都要接待 100 万的游客。

从巨石阵开出，一路上雨渐渐小了，到达巴斯的时候，太阳从云缝中露了脸，在湿润的淡黄色砖块地面上晕染出淡淡的金色。整个小镇好像刚刚沐浴完毕，清爽又迷人。话说回来，从它的英文名 City of Bath 中就可以知道，这个地方和浴场有着直接的关系。

传说 1 世纪时，英国还在古罗马版图之内，一个名叫 Bladud 的王子，到雅典读书后染上了麻风病，回国后被放逐到乡下养羊。无意间，他发现猪羊们经常在山脚下的一处有着奇怪气味的泥塘里打滚。于是，小王子就下泥塘去驱赶猪羊们，还不时在泥塘旁的一处温泉里洗浴，每次洗浴回来后，感到浑身舒服。天长日久，这温泉水所含的矿物质竟治好了他的麻风病，而且皮肤变得细滑。后来，他接替王位成为国王，不忘巴斯那个有着奇怪气味的温泉，便派人去那个温泉化验水质。结果发现温泉水富含硫黄等矿物质，对某些神经系统和皮肤疾病有疗效，便下令挖深井把温泉水从地下抽上来，蓄到石砌的巨池中，大兴土木建起了沿袭古罗马风格的“国王的浴池”和庙宇，也就是现在的巴斯小镇。

在小镇上品尝了一种外表奇怪的名叫“玛琳”的食物。拿到手上非常轻，外部坚硬、内部中空，咬了一口差点把舌头甜掉，估计和咖啡或者红茶一起吃才是正确吃法吧。原本空空的胃突然受到甜味的刺激，隐隐作痛。又找了一家店买了一个热狗迅速塞进嘴巴里，才把这种异样的感觉给强压了下去。

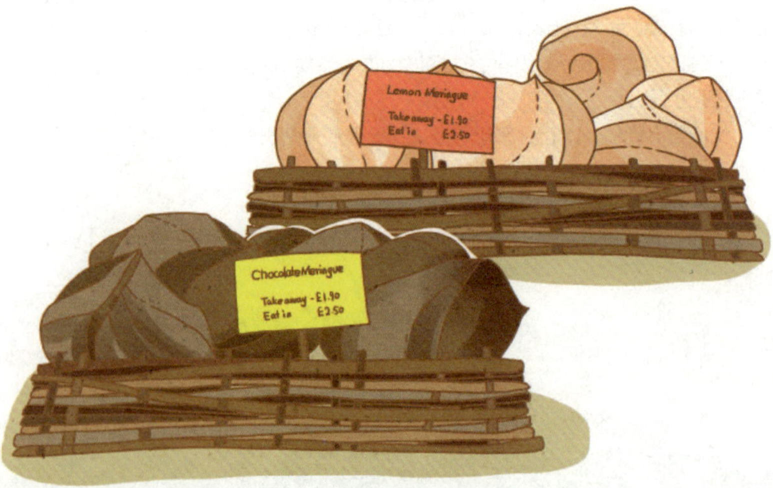

小镇很美，建筑多为古罗马风格，在石板路上信步闲游，处处是景。当地人慵懒地坐在街头的长椅上小憩，各国游客三两成群像被感染了一样，都放慢了步子，享受下午和煦的阳光。

有人在街头表演朗诵，神情严肃好似站在剧院表演一般，不远处却有穿着牛仔裤的年轻人轻松地弹奏着吉他。街的一头有装备齐全的自行车骑手，另一头却是挂着铃铛跑起来叮当作响的马车。所以一不小心就会觉得在时空的隧道里卡了带，一会儿是几百年前，一会儿又被拉回现实。

贴

罗马浴场营业时间：

除 12 月 25 日和 26 日之外，罗马浴场每天都开放。

1 ~ 2 月和 11~12 月，开放时间 9:30，最晚入场时间 16:30，退场时间 17:30。

3 ~ 6 月和 9 ~ 10 月，开放时间 9:00，最晚入场时间 17:00，退场时间 18:00。

7 ~ 8 月，开放时间 9:00，最晚入场时间 21:00，退场时间 22:00。

罗马浴场在巴斯城中心，它是巴斯最著名的景点，也是众所周知的博物馆，是世界文化遗产保护单位。虽然现在给人一种严肃的历史感，但是在很久以前，这里确确实实是一个澡堂，2000 多年前的罗马人就是在这里轻解罗裳缓缓走入天然温泉洗去身上的尘埃。

曾经有人问罗马国王为什么每天都要洗一次澡，这位国王无奈地回答："因为我太忙了，所以不能每天洗两次啊！" 由此可见，洗澡是罗马人最爱的日常活动，就如同社交活动一样普遍。澡堂也是罗马人社交活动的重要场所，大家可以想象一下，即便现在，澡堂子也是老头老太们闲传八卦、聊天逗乐的场所，估计那个时候类似 "我又用 20 段上好的布料换了 5 个能干的仆人" 这样的话题和现在 "西边菜场青菜便宜 5 毛 "之类的话题是一个效果吧。

亚贝教堂(Abbey Church)是巴斯的标志性建筑，也是重大活动的举办场所，这里还是英格兰第一位国王的加冕地。

这座教堂建于8世纪，后来于1499年由当时的奥利弗主教重建。教堂外立面刻有主教在梦中受到上帝的启发修建亚贝教堂的故事。有意思的是，还刻有两排天梯，上面有石刻的小天使们顺着天梯爬上天堂的景象。不知道是不是为了和信徒拉近关系，天堂也不是那么遥不可及的模样了。

走进教堂，第一眼看到的就是华丽的玻璃天窗，整整 56 块彩色玻璃，上面描绘着和上帝有关的故事。刚被花窗惊艳到，再一抬头，又被气势宏大、线条优美的穹顶给震撼了，在这最靠近上帝的地方，我觉得又一次听到了上帝的声音。

# 特别提醒

在杜莎夫人蜡像馆前，有一个外国人拿着地图来问路，我们告诉他自己也是游客，但他还是缠着我们不放。没一会儿走来两个男人，一个是身材魁梧的黑人，另一个是细长型的白人，他们一过来就拿出警徽朝我们面前一晃，说怀疑我们携带可卡因要搜身。

当时我很紧张，有点不知所措。他们先搜了那名游客的钱包，然后伸手去拉梨桑的包，梨桑摆手说自己身上没有携带现金，那个白人就动手来拉我的包。我心觉不妙，但是当场有些发蒙，竟然傻乎乎地让他伸手到了我包里。梨桑和我紧盯着他的手，他大概看了一下便放我们走了。

虽然觉得不对劲，但是看到他并没有动我们的东西，我们也快速离开了现场。到了地铁上我还是觉得心里不安，说再检查一遍包吧，才发现放在包里夹层的钱少了一半。好在那天没有把全部的钱带在身上，不然我们只能喝西北风了。

后来在网上查了下，好些游客都遇到过相同的情况，尤其是在杜莎夫人蜡像馆前。所以大家到了伦敦一定要注意，伦敦是没有便衣警察的！

这事也让我好一阵子不敢搭理路上问路的人，绝对有心理阴影。

请注意，伦敦警察执法是不会以便衣出现的。如果路上有人冒充便衣警察，请不予理睬直接离去，实在走不了请大声呼救。

5555
人家的血汗钱没有了！

07

# 鬼城爱丁堡

暂时和英格兰说再见，我们拖着所有的行李，坐上开往苏格兰首府爱丁堡的火车。

火车速度很慢，缓缓地向前开。算算也就是苏州到济南的距离，火车硬是开了 5 个多小时。好在沿途风景不错，草场、小农庄，还有成群的黑脸羊。

爱丁堡是苏格兰的首府，因为这个地方一直在闹独立，所以很多东西和英格兰都有区别。他们有自己的纸币，不过只能在苏格兰地区使用。比起英格兰纸币上千篇一律的女王像来说，我更喜欢苏格兰的纸币呢。

在我的感觉中，英格兰是现代的、绅士的，你在街上可以看到朋克，也可以看到西装老绅士，但是只有在苏格兰才能看到传统的格子裙。

踏着泛黄的石头路，看到穿着苏格兰裙子的白发老爷爷牵着同样着装的小孙子从我们面前走过，街头的转角有艺人在演奏风笛，一下子就有了穿越的感觉。

苏格兰特色的格子裙，其实起源于叫“基尔特”的古老服装。百度百科介绍：“一条长度及膝的方格呢裙，一件色调与之相配的背心和一件花呢夹克，一双长筒针织厚袜。裙子用皮质宽腰带系牢，下面悬挂一个大腰包，挂在花呢裙子前面的正中央，有时肩上还斜披一条花格呢毯，用卡子在左肩处卡住。”所以你们看，连百度百科都没有把底裤算在里面哦。正统的苏格兰裙子底下是不能穿内裤的，所以看到街上穿着苏格兰长裙的男人们，我总是不由自主地想去确认裙底下到底有没有穿内裤。每当有怪风吹来的时候，我就默默地希望老天帮忙掀起他们的裙子，可惜裙子的料子挺厚，没一次得逞。

传说几百年前爱丁堡发生过大规模的黑死病。当时这里的政府把被感染的人关了起来，任由他们自生自灭。为了防止疫情的传播，更残忍地放火将整个城市烧掉，所以可以看到城里很多建筑都是黑色的，那些就是烧过的痕迹。事后当局在整个旧城上建了一座新城，所以我们的脚下还有另外一个城市，也有很多很多冤死的灵魂……

我当然知道这是添油加醋的满嘴胡诌，那些黑色的建筑是因为本身使用火山岩为主要建筑材料，时间一长很容易沾染污迹，看着就和火烧过一样。但是爱丁堡确实是有名的鬼城，可惜我与鬼怪向来不来电，一个鬼影都没有碰到。

走在王子街上一定会注意到一幢乌漆墨黑的石塔，这就是名声在外的司各特纪念塔（Scott Monument）。

这座石塔是为了纪念苏格兰最有名的诗人、有着“欧洲历史小说之父”盛名的司各特。我觉得苏格兰的历史其实是和“战争”这个关键词紧紧相连的，他们却在这么显眼的位置，为一位文人竖立了一座纪念塔，想想也是挺有意思的一件事情。

不过这个纪念塔也有一段很玄乎的过往。170 多年前纪念塔建成 5 个月之后，它的设计师突然意外死亡了，所以这座塔也成了一座闹鬼的惊悚建筑。

出了火车站，沿着王子街找我们预订的酒店，发现这条街好像分界线一样将新旧两座城分割开来，一边商铺林立，另一边却是各种古老的建筑。

路上看见一座地势很低的公园，从街边看过去，就像城市中的一个小山谷一样，当下便拉着行李走了进去。

这是一个很有意思的公园。沿着台阶走下去，碰上园艺师正在修整花坛，很"土豪"地用的都是多肉，大棵大棵的多肉。他们见我拍照，就朝我友好地笑笑。我当时特别想问，有多余的多肉施舍吗？

公园里有很多长椅，都是当地人为了纪念自己的亲人朋友而捐赠的，所以上面有人名、生辰和一些话语，用手触摸了一下那些木刻的文字，心中有一些小小的伤感。话说回来，我挺喜欢英国人的这种方式，既做了公益，又起了纪念的作用。不过整个公园有很多长椅，小道两边几乎放满了，又觉得稍微多了一些。

公园的尽头是一个墓地，当下便想去探险，无奈拖着行李。匆匆跑去酒店放下行李，稍作休息，又拉着梨桑来到了这个墓地。

虽然手机显示已经将近晚上 10 点，但是爱丁堡的天空依旧明亮，所以没有任何迟疑，我们两个就冒着细雨踏上了树荫浓密、满是落叶的小道。

天空虽然亮堂，但是墓地古树参天，在树枝遮蔽下显得有一些阴暗，天又下着小雨。墓地里大多数是长着青苔非常破旧的墓碑，借着天光辨认着上面的文字，很多都有着百年的历史。想想松软的草地下是一具具几百岁的骸骨，丝毫不觉得害怕，因为不时能看到拿着咖啡从小道上走过的老外，还有坐在树下促膝长谈的人们。

草坪横截面示意图

据说《哈利·波特》的作者 J. K. 罗琳没事就会到墓地里转悠找寻灵感，小说中伏地魔的名字就是她从一块墓碑上看到的。当时觉得很惊悚，可是身临其境以后才发现，英国的墓地一点也不可怕，反而会给你一种静谧的奇特感觉，虽然你和这些几百年前的先灵们只隔了一块草皮的距离。

爱丁堡城堡是爱丁堡甚至是苏格兰精神的象征，耸立在死火山岩顶上，居高俯视爱丁堡市区，不管站在哪里，你都能看到这座山上的城堡。

城堡处在山上，一面斜坡，三面悬崖，易守难攻，相传曾经在被围攻的时候关闭城门，自给自足数年。因为历史悠久，这里死过不少人，所以爱丁堡城堡也是整个苏格兰著名的闹鬼胜地。

第二天一早，我和梨桑早早起来买了门票，然后进去参观。

说到城堡，女生总会把它和一些浪漫的词汇联想到一起。虽然身为女汉子，但是我也没办法克制自己看到那些城墙的时候，脑海中同步浮现出“公主与王子”的画面。边走边默默幻想一袭长裙的自己，在华丽的城堡中等待王子的来临。但是没多久我就发现自己错了，这个城堡一点浪漫也没有。

穿过主城门，梨桑就兴冲冲地拉着我上了阿盖尔炮台。炮台上放了好多架古董火炮，男人和孩子们都挺喜欢，女人们和我一样似乎都不那么有兴趣。

不远处的米尔斯山炮台（Mills Mount Battery）中间有一座看着挺纤细的火炮——一点钟炮（One O' clock Gun）。这座炮台在“二战”的时候曾服役过，现在退役下来发挥余热，每到下午一点钟准时开炮报时，声音震天。

梨桑看得兴高采烈，我兴趣寥寥，晃到旁边趴在城墙上俯瞰整个爱丁堡。

凉风习习中，整个爱丁堡尽收眼底，顿时心旷神怡。

贴　城堡里有很多展室是不允许拍照的，看到“禁止摄影”的标志要乖乖把相机收起来哦。

梨桑和我都尽兴完毕，顺着小道抵达整个城堡的制高点——圣玛格丽特礼拜堂（St. Margaret's Chapel）。这个礼拜堂是整个城堡中最古老的一座建筑，当时是为了纪念大卫一世的母亲玛格丽特而建造的。圆拱的天顶下，光线透过几扇小小的花窗在地面上映出柔和的色块。建筑虽然不大，但是给人非常安逸的感觉。

礼拜堂的外面有一座乌黑铮亮的大炮，这座大炮就是名声在外的曼斯玛格炮（Mons Meg）。这座巨炮是当时的比利时国王送给苏格兰国王的礼物，曾经参加过大大小小 200 多场战役，退役后成为礼炮，现在摆放在爱丁堡城堡中供人参观。

城堡中间名叫加冕广场的平台有一个足球场那么大，被四周的建筑环绕，这些建筑分别是皇家宫殿、大礼堂、安妮女王楼和国家战争纪念馆。

皇家宫殿位于广场东边，顺着皇家宫殿狭窄盘旋而上的阶梯，可以到达一间密室，这里陈列着苏格兰的“三大御宝“——皇冠、宝剑、权杖。除此之外，还有一块维系国运的命运之石。亲眼看到这些国家宝物，现在回想起来还有那么一些激动呢。

皇家宫殿的旁边，是国家战争纪念馆。这个建筑是为了纪念“一战”中牺牲的 15 万苏格兰士兵。在桌案上摆放着一本又一本的战争亡故士兵名册，人们可以随意翻阅名册，以示纪念。

国家战争纪念馆再过去是大礼堂，以前是讨论国事的地方，现在变成兵器陈列室。到了这里，梨桑基本不愿迈脚离开了。

作为鬼城的代表性建筑，爱丁堡城堡当之无愧地成为闹鬼胜地，不少游客声称在这里看到了鬼魂。城堡历经那么多年，各种冤死猝死意外而死，不闹鬼才怪。

作为一名怕东洋鬼怪胜过西洋鬼怪的灵异事件爱好者，我大踏步走进爱丁堡的地牢时，还是被一阵阵阴风吹得心里发毛。

地牢位于大礼堂地下，基本还是保持着原来的模样，昏暗的光线下，层层叠叠的吊床轻微地摆动（当然这是故意做的效果），当年的东西依旧摆放在原位。影影绰绰间总觉得转角的地方就有一个冤魂在看着自己。

想想当时的囚犯，被关押在这种不见天日的地方，环境阴冷又潮湿，即使生理上没出问题，心理上也会有问题了。

城堡里还有一座现代化的监狱。惨白的砖墙，漆黑的铁质栏杆和大门，走在其中总有一股不舒服的感觉。

几个并排的单人间都是铁将军把守，但是其中一间的门没有上锁，游客可以随意进去。房间里有一张砖砌的单人床，外面被涂上了深黑色的油漆。通过一扇不大的铁窗勉强能看到窗外一角的天空。大门厚重，同样也被涂上了深黑色的油漆，只留有一个乒乓球大小的洞眼用于狱卒察看。梨桑淡定地走进大门，我眼疾手快一把合上大门，把门上的锁也锁了。梨桑在里面待了几分钟便开始哀嚎，让我放他出去，我在外面窃喜。

逛完城堡才发现温度下降了不少，很冷。我双手抱臂，但还是挡不住丝丝的凉意，所以冲进商店想买件外套。在各种格子围巾、格子裙中间，一眼相中了一条黑色的大披肩，柔软又温暖，当即就买下。店里的售货员是一位黑发美眉，结账的时候我问她是不是中国人，对方微笑着朝我们点头。付款完毕她还帮我们填写好了退税单，出来的时候又把我们送到门口，感觉好暖。

逛了超市，买了一堆食物，回到酒店就早早休息了。明天苏格兰高地秀美的风光在等着我们呢。

# Skyfall

# 08

# Skyfall

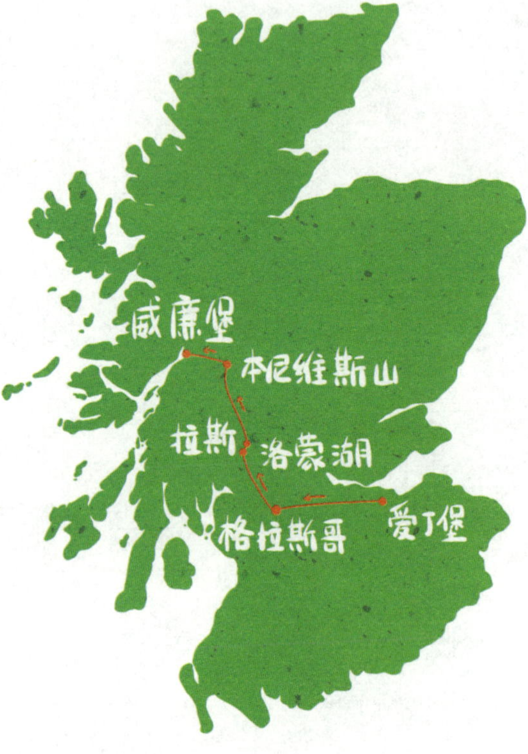


# 高地三日游 DAY 1

贴 由于高地特殊的地理原因，没有可以直达的火车或公交，所以游览高地一般选择自驾或者跟团。我们在爱丁堡找了一家当地的中文旅行团，三天旅行包含两晚 B&B 酒店，团费参考价为 298 英镑 / 人。因为全程中文讲解，所以沟通完全没有压力，适合像我们这种英语说不太顺溜的游客。

在爱丁堡报了天空岛三日的旅行团，一行八个游客再加一个导游，一起坐上了大奔。其中四人是长期在伯明翰工作的中国人与马来西亚人，另外两个是一对母女，女儿刚考上圣安德鲁斯大学，带着妈妈英国游一圈。都是说着普通话的中国人，没多久都熟识了。

小车挺有意思，方向盘在左边，副驾驶有两个位子。导游也挺有意思，既当司机又当导游，是个超级大话痨，一上来就自夸上知英国天文下知英国地理，说曾经被好几个博物馆的保安给架出来，因为他说得比他们的工作人员还好。

前排可以坐3个人的商务车↑

格拉斯哥大教堂的独特之处在于，整个教堂的地下还有一座小的教堂，里面有圣蒙哥的墓碑，跳动的烛光中，整个小教堂显得神秘又肃穆。

格拉斯哥（Glasgow）是我们的第一站，导游首先带我们到了格拉斯哥大教堂（Glasgow Cathedral）。这座教堂建造于1136年，当时是为了奉献给小城的守护神圣蒙哥（St. Mungo），所以也叫圣蒙哥大教堂。

到了教堂，总会被高耸的穹顶所震撼，即便不是教徒，在这里似乎也能听到神的指示。我对着神灵默默地祷告了一番，虽然不确定他能听懂中文，但是在那种氛围下，我觉得他听到了我的声音。

教堂普遍不允许拍照，导游在车上反复和我们强调，不过当我指着相机询问工作人员的时候，得到了充满善意的允许，所以在里面对着穹顶按下几张。虽然拍了，但是我知道，美只能收在眼里，相片中呈现不了1/10。

贴

门票免费。
开放时间：
4月~9月，
周一~周六 9:30 ~ 17:30，
周日 13:00 ~ 17:00；
10月~次年3月，
周一~周六 10:00 ~ 16:00，
周日 13:00 ~ 16:00。

教堂不远处如足球场大小的广场是格拉斯哥的中心——乔治广场（George Square）。

这个广场上竖立着不少伟人的雕像，工业革命的代表者詹姆斯·瓦特、历史小说家沃尔特·司各特、诗人罗伯特·彭斯以及其他认不出来的伟人们。

不过这些多多少少改变人类历史命运的伟人们在海鸟的眼里并没有那么重要，几乎所有的雕像头顶上都笔直地站着一只鸟，日积月累的白色排泄物也让雕像呈现出一种异样的感觉。

**贴** 格拉斯哥，人口 58 万，是苏格兰最大的城市，英国第三大城市，位于苏格兰西部的克莱德河（River Clyde）河口。行政上，格拉斯哥属于格拉斯哥市（City of Glasgow）的管辖范围，是苏格兰 32 个一级行政区（称为统一管理区）中的一个，一直是英国工党的执政领域。大格拉斯哥地区拥有人口 230 万，占苏格兰总人口的 41%。

世界上最好吃的咖喱在哪里？印度？ No，no，no，是在英国。所以我们怎么会放过这个大好机会呢！借着在格拉斯哥吃午饭的机会，我们进了一家咖喱店，菜谱看得我们云里雾里，点兵点将地点了一通，端上来才知道是咖喱鸡块和不知道淋了什么酱的米饭。鸡块非常入味，咖喱的辛辣借着鸡块本身的香味，在口腔中缓缓扩散；米饭颗粒饱满，在酱料的调剂下也呈现出不一样的味觉体验，而且分量十足，两个人根本吃不完。总之，是一次非常满足的口腔之旅呢！

位于格拉斯哥以北，苏格兰高地的南边，有一个名叫洛蒙湖（Loch Lomond）的湖泊，这个湖泊是苏格兰最大的湖泊，提供全苏格兰的饮用水。

这个湖的湖水清可见底，小石子铺满湖底，湖面上漂荡着白色小帆船，野鸭轻松觅食，微风拂面，非常惬意。

还好带着广角镜头，所以自拍完全没有压力。每到一个地方都得说一句“茄子”，然后咧开嘴巴大笑，在相机里留下永恒的瞬间。

同行的马来西亚人很热心地要帮我们拍合照，我朝他眨眨眼，演示了一遍这种自拍法，他大笑地朝我们做了个鬼脸跑开了。

湖的西边有一个小镇，名叫拉斯小镇（Luss）。 这个小镇因为四面环山，所以常年处在山阴处，日照时间短于其他地方。

小镇不大，住着约莫 20 户人家，小房子都由石头砌成。很多年前这个小镇附近有一个采石场，这些小房子就是当时的采石工人建造的。现在的居民把他们的家装饰得如同童话一样，每一户都有鲜花，不同的鲜花围绕着这些可爱古朴的房子，好像世外桃源一样。

告别了这个童话般的小镇，小车一路向北，开进了苏格兰高地。这里有全欧洲最美丽的风光，也是象征自由的地方。这里有 007，还有《勇敢的心》。

在车里感受并不太深刻，但是当车子停下，我们踏上这块土地的时候，觉得整个肺都被洗涤了一遍，空气非常清新，身边 360 度都是绿色。

蜿蜒的丘陵，星星点点的湖泊，四散悠闲吃草的黑脸羊和牦牛，还有草地上成片的白色毛绒状植物，那种感受根本没有办法用文字叙述。

天地融合在一起，将我们整个包围住，skyfall……

贴 想要领略正宗高地风光，可以观赏影片《勇敢的心》。这部影片由梅尔·吉布森和苏菲·玛索主演，讲述了一个为了自由宁死不屈的苏格兰英雄的故事。影片的取景大多数在苏格兰高地，在倾听动人故事的时候，也能让眼睛做一次旅行。

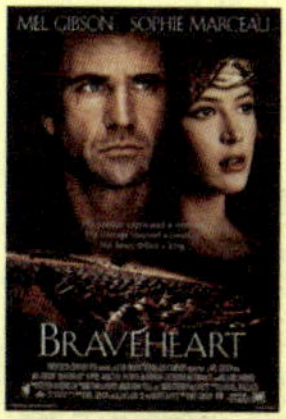

导游告诉我们，他曾经和朋友们相约在高地一起模仿威廉·华莱士，像他那样光着屁股站在山坡上。但是等他兴奋地以半裸状态冲下山坡以后，才发现这样做的只有他一个人……这画面，想想都是醉了！

导游指着一座山说，在山的那边，有鹿。

小鹿们常常蹦蹦跳跳蹿到车头，所以这里开车要特别小心。可惜一路过去，我们并没有看到鹿。

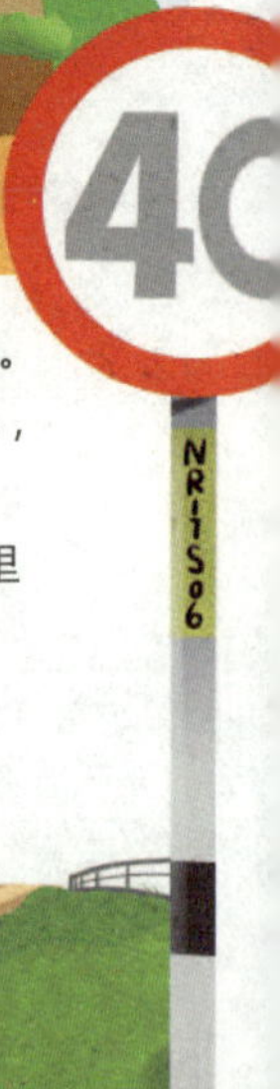


正是晚饭时间，威廉堡街头没什么人，倒是各种酒吧饭店里坐得满满当当。我和梨桑向来不喜欢人多，便打算先逛一圈再去觅食。凉风习习，空荡荡的街头，感觉自己处在与世隔绝的桃花源一般，心情别提多舒畅了。

值得一说的是，先前准备工作没做到位，走的时候才知道《哈利·波特》里的那列开往霍格沃茨的蒸汽火车会途经威廉堡，早知道一定要去看，可惜可惜。

到了苏格兰，不可能不去尝尝这里的牛排。在小镇逛了一圈以后，我和梨桑进了一家酒吧，点了牛排套餐。但是我们忽略了一点，不知道牛排几分熟在英文里怎么说！结果和店家鸡同鸭讲了半天，还是不明白。后来吧台的姑娘找来一位老爷爷，我还以为他会中文，结果这位爷爷只是把英文放慢语速重复了一遍。爷爷你别闹！我现在不是说太快听不明白，是压根不知道那几个单词啥意思啊。你就算写出来给我看，我还是不明白啊！！Blue ？Medium ？Rare ？傻傻分不清楚。

好在后来随便点了一个，端上来后发现蒙对了，拿起刀叉大快朵颐起来。

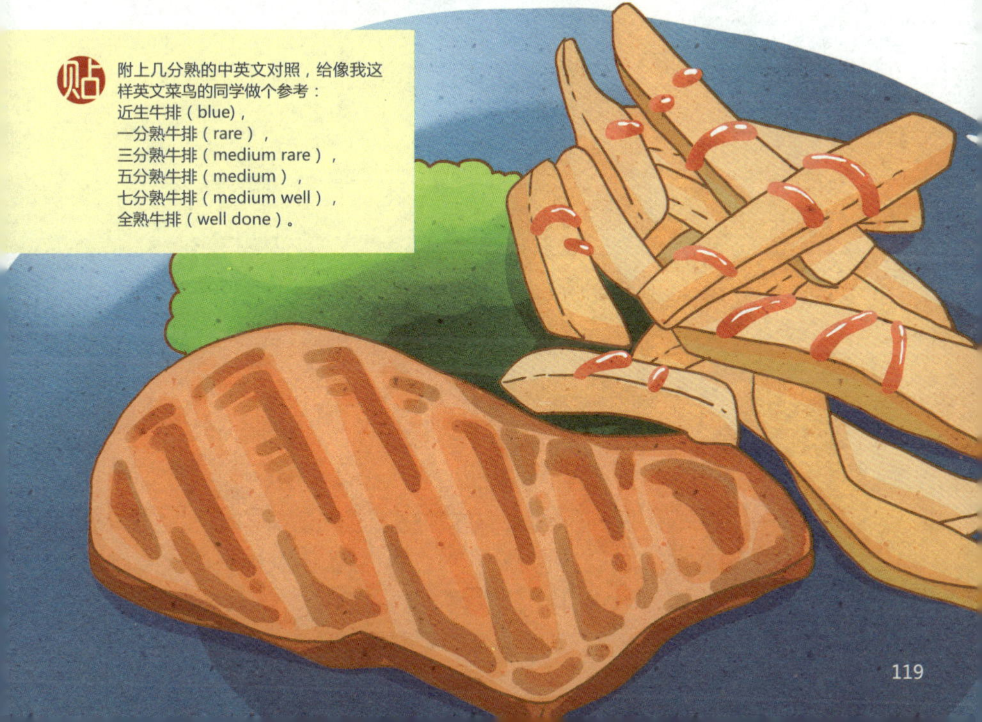

贴 附上几分熟的中英文对照，给像我这样英文菜鸟的同学做个参考：
近生牛排（blue），
一分熟牛排（rare），
三分熟牛排（medium rare），
五分熟牛排（medium），
七分熟牛排（medium well），
全熟牛排（well done）。

09

# 尼斯湖里有水怪

# 高地三日游 DAY 2

贴 高地是苏格兰最美的地方，现在来说说苏格兰短裙。作为苏格兰传统服饰的苏格兰短裙在我们这次的高地之行中可以说是随处可见。这种裙子很有讲究，将 8 米长的布料在腰部缝起来，成为我们看到的“百褶裙”。在苏格兰的商店里都有售，但是真正好的苏格兰套装，一套都要卖到几百或上千英镑。

一夜无梦到天亮。早上在酒店吃过自助早餐，一行人又坐上小车，继续往北走。天空岛（Isle of Skye）在等着我们。

依旧一路绿色陪伴。开了好一会儿，车子停在了一块缓坡的平台上。车门一打开，大风带着早上的低温席卷进来。我将身上的披肩裹紧，和梨桑一起出了车门。

平台的最中间是一座青铜雕塑，这是纪念“二战”中亡故的战士们的突击队纪念碑（Commando Monument），旁边有一圈白色石子围成的低矮砖墙。这里还有在各种战争中死去的战士的纪念碑，旁边摆放着照片和各种纪念品，再细看纪念碑上的生卒时间，其中不乏年轻人。看着照片上年轻的脸庞，当下心情就有点沉重。战争这个东西，对敌我双方都是残酷的，母亲失去孩子，妻子失去丈夫，孩子失去父亲……从古至今，战争始终停歇不了。

突击队纪念碑的正前方有一幅青铜地图，上面将四周的山都标注了出来，顺着上面的引导线，可以轻松地辨认出它们。地图的中间有一个小孔，大小正好可以插进一根筷子粗细的木棒。我猜会不会是在中间插入木棒以后，顺着木棒看出去，两点一线能更加精确地指认山峰的位置。

从纪念陵园出来，车子开了没多久，导游又将车靠边停下。车子周围的草地上都是大小不等的石块，很多叠成了小塔。导游说，好朋友们在这里用石头搭建小塔，塔越高越稳就说明他们的友情越长久。当下我和梨桑你一块我一块地搭了一座象征我们“友情”的小塔，还偷偷地从别人的小塔上拿了几块平整的石头搭在我们的小塔上面。如果那几对好朋友因为我们的举动而友情破裂了，请一定原谅我们的无（gù）心（yì）举动吧。

梨桑是 007 迷，所以当我们看到位于杜伊斯湖中艾琳多南城堡（Eilean Donan Castle）的时候，他按捺不住兴奋在车上叫了出来。没错，这个地方是 007 系列电影《黑日危机》中 M16 的情报基地。

现实中的艾琳多南城堡位于湖中的一座小岛上，只有一座石桥相连。远远看过去，就像孤立于湖中一样。这座优雅的城堡在历史上几度易主，也多次遭到破坏。现在它成了天空岛的观光胜地，也是当地人举行婚礼的浪漫之选。

城堡不远处的湿地上满是枯黄的水草，一片一片将湿地染成金黄色，和艾琳多南城堡相互映衬，十分美丽。此时风小了不少，太阳在云层中半遮半露，湖边闪烁着细小的银色光斑，不远处传来苏格兰风笛的曼妙声音，一下又将我们拉进浓浓的苏格兰风情之中。

贴

开放时间：
2 月 1 日 ~ 3 月 24 日 10:00~17:00，
3 月 25 日 ~ 10 月 29 日 10:00~18:00，
10 月 31 日 ~ 12 月 30 日 10:00~16:00。

门票：
成人 7 英镑，
优惠票（老年人）6 英镑，
5 岁以下免费。

电影《黑日危机》里出现了艾琳多南城堡，有兴趣的同学可以找来看看。

在城堡旁边的小店里，我们发现了这样一台机器，按照指示投入 50 便士和 1 便士的硬币以后，机器将 1 便士的硬币压成了有城堡图案的纪念币。嗯，你们苏格兰人真会玩！

都说艾琳多南城堡是天空岛的大门，从城堡出来，我们才真正意义上来到了天空岛。

车道在丘陵中蜿蜒，因为宽度很窄，有些地方只能容一辆车通行，所以当有两车交会时，后来的车常会停在一边，等对面的车通过后再开。交会的瞬间，两车司机会举手示意，非常有爱。

天气开始变幻莫测起来。云层很低，带来降雨。但是车开过云层后又是阳光明媚。耶稣光在不远处，地上的丘陵也明一阵暗一阵的，倒是草地上吃草的牛羊们总是很淡定，不管风雨，依旧悠闲地嚼着嫩草。

不知不觉，风变大了，到达 An Lethallt 的时候，站在悬崖上，总觉得随时会被吹下去。

这里是河流运动后在山体上切割出来的一个巨大豁口，水流在这里形成瀑布，最终流入海洋。

我顶着狂风，脚微微颤抖着往下看了一眼，就已经快要昏厥，脚下悬崖的崖壁上不少山羊却淡定地顶着风雨，一副王者气势。在它们心中，我这个人类肯定弱爆了。

老人石（The Old Man of Storr）是天空岛的保护石。导游说那个山体从侧面看就像仰面朝上的老人面，我和梨桑面面相觑，怎么都看不出来，导游笑笑："你们用想象力想象一下嘛。"不过后来他说，老人石也指那竖起的两块石头，至于到底哪个说法正确，我们也没去深究。

雨势再次大了起来，顶着狂风暴雨，我们在苏格兰裙悬崖（Kilt Rock）稍作停留。本来还想打伞，但是悬崖边的风势更大，伞根本没办法撑起来，所以也就作罢，难得感受下苏格兰的暴雨天也是不错的选择。

这里又是一个断层，断层面褶皱很多，像苏格兰短裙，所以就起名为苏格兰裙悬崖。导游揶揄道：“其实就是一个悬崖，非要整出一些传说来，你们看吧，我撤了。”说罢他钻回车内，把我们丢在风雨之中。话说回来，这里视野非常好，海岸线非常迷人，可惜天空黑压压的，一片乌云，想象下云开日出的时候，一定非常美。

说起苏格兰最著名的湖，非尼斯湖莫属了。

尼斯湖的水里含有大量的泥煤，所以整个湖面呈现一种闷闷的深黑色。水温常年偏低，湖底又深，加上湖水四周丘陵蜿蜒、古树参天，所以这个湖整体显得不是那么明朗。不过若干年前一张模糊的水怪照片，让这个并不算很美丽的湖泊成为世界上著名的湖泊之一。

导游和船长是老朋友，把我们带上船就不见人影了。

我们几个坐着小艇跟着白胡子船长朝湖心驶去。船并不大，但是在船舱中摆放着很多屏幕，屏幕上显示的都是水下的景象。一聊才知道，当地人深信尼斯湖里有水怪，所以每条船上都会放置若干台水下摄像机，他们希望能拍到一张水怪的照片，然后借此大赚一笔。

船长告诉我们，尼斯湖里有着数量庞大的三文鱼，他指着雷达告诉我们，屏幕上出现的红点就是鱼群。我一边脑补无数三文鱼刺身从我们脚下游过，一边四处张望，希望有幸能见到传说中的那个水怪。

环宇探索频道曾经带着先进设备来到尼斯湖，希望借助现代科技手段，彻底地调查一下湖里是不是真的有水怪，但是遭到当地人的拒绝。看来他们一方面希望自己能发现水怪，一方面又担心一旦这个传说被证明是假的，那他们将遭受巨大的经济损失，毕竟每年来找水怪的游客可以带来相当大的经济效益。

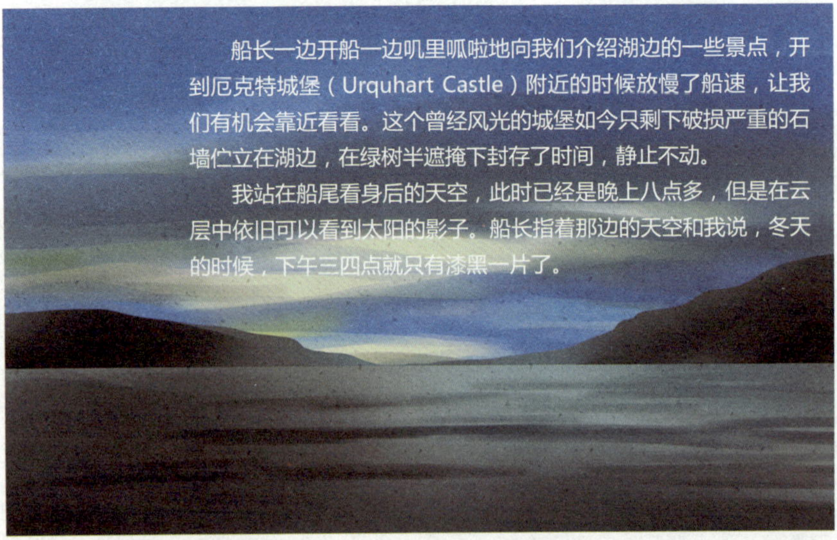

船长一边开船一边叽里呱啦地向我们介绍湖边的一些景点，开到厄克特城堡（Urquhart Castle）附近的时候放慢了船速，让我们有机会靠近看看。这个曾经风光的城堡如今只剩下破损严重的石墙伫立在湖边，在绿树半遮掩下封存了时间，静止不动。

我站在船尾看身后的天空，此时已经是晚上八点多，但是在云层中依旧可以看到太阳的影子。船长指着那边的天空和我说，冬天的时候，下午三四点就只有漆黑一片了。

导游说天空岛有最好吃的炸鱼薯条，到达岛上最大的居民区波特里（Portree）小镇后，他就把我们带到一家小店。店面不太起眼，但是门口排着长队。排队进店后，两个雀斑小哥在柜台后忙碌，一个拿出鳕鱼下锅炸，另一个拿起漏勺开始炸薯条。等鱼炸好后撒上一点盐，和薯条一起放进纸盒，再在外面包上一层油纸，装上叉子递给我们。

因为靠近海，所以都是刚捕捞上来的最新鲜的鳕鱼。雪白剔透的鱼肉紧致新鲜，薯条外脆里糯，只用一点盐巴提味，整个口腔里就是满满的香味。几天前在伦敦吃过配料比这豪华数倍的炸鱼薯条，但是这里的味道远远超出了几条街。

当街就吃个精光，连正在晕车毫无食欲的梨桑也破天荒地吃了好几口。吮吸干净手指上残留的细盐，又折回去排队再买了一份带着上路。

在尼斯湖旁边的公路上行驶的时候，突然遭遇堵车，向前的车道不知道为什么一动不动。在车上等了好久，突然看到几辆警车从身边开过，没一会儿又开了回来。

又等了一会儿，消防车出现了。我们都不知道前面到底发生了什么，估摸着是交通事故导致车体燃烧之类的吧。继续等了约莫半个小时，消防车开了回来。我们以为处理完毕都坐回车上等待发车，但车队还是不动。

继续等。

然后，我们又看到了救护车。当时大家都坐不住了，一伙人沿着车队朝前走，看看到底发生了什么事情。没走多久就看到一辆摩托车倒在路边，不远处有一个男人躺在路当中，能说话，也能做轻微的动作，再看着没有血迹，也没有特别大的刹车痕迹，推测应该伤得不是太严重。但是奇葩的事情再次发生，救护车就这样把人丢在路边开走了！开走了！开走了！开走了！！

我们几个互相看看，不明白到底发生了啥，警车、消防车、救护车都来过了，人还是躺在那，为什么没人处理啊？！

所有的车都等在原地，其实只要交通警察指挥一下，借用反方向的那条车道让车通行，然后救护车过来把人救走，分分钟解决问题，但是为什么所有人连同那个伤者都那么淡定地等在原地一点也不着急呢？

看来短时间内什么也做不了，外面的温度开始下降，我们只能往回走，坐到车里等。

随着又一辆救护车开过，我嘟囔了一句："交通工具挨个来一遍，会不会连直升机都来了？"话没说完，就听到天空中"哆哆哆"螺旋桨的声音出现了，红色直升机绕着出事地点飞了几圈，消失了一会儿又出现，盘旋在上空就是不下来……

虽然听说过英国人民的办事效率，但是这么匪夷所思的行为实在是超出我的想象。

好不容易车子开始动了，前后已经等待了近三个小时……

EMERGENCY AMBULANCE

# 和王妃的亲密接触

# 高地三日游 DAY 3

贴 高地行如果是跟团的话，请配合导游规定的集合时间。另外，整个行程结束后，为了表示感谢，也可以相应地给导游一些小费。
再多说一句，旅程会有相当长一段时间在车上，所以到了休息的地方尽量上洗手间，因为当你置身在丘陵中间时，真的很难找到厕所啊！

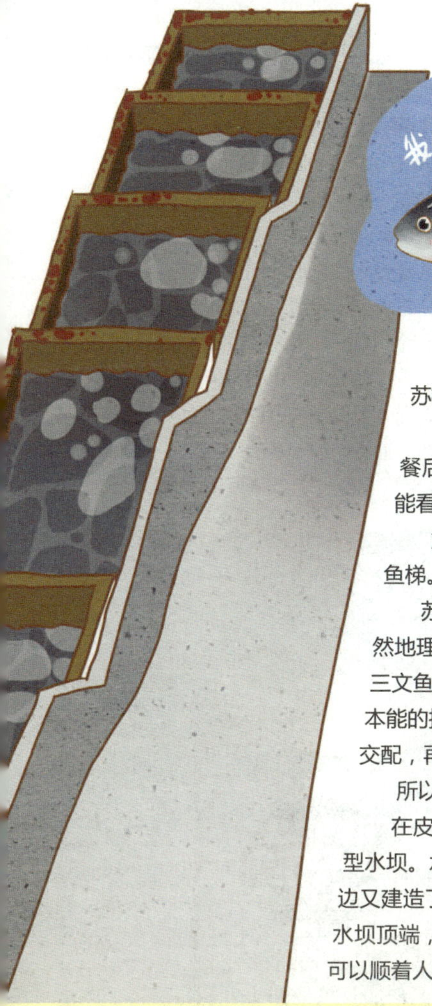

因弗内斯（Inverness）是高地的首府，也是苏格兰最北面的城市，尼斯湖的源头就是这里。

因为靠北，当我们一伙人很开心地吃完自助中餐后，时间已经接近晚上 11 点，但是天空中依旧能看到太阳。当天晚上天一直亮着，没有黑夜。

第二天大清早赶早起来，驱车去看三文鱼洄游的鱼梯。

苏格兰靠近大西洋，境内湖泊众多，所以靠着天然地理优势，这里一直是三文鱼的盛产地。每年冬天，三文鱼会在淡水湖泊里产下鱼子，开春小鱼苗按照神奇本能的指引，顺着河流游回大西洋，到海洋中生活 3 年，交配，再到湖泊里产子。

所以我们正好赶上三文鱼洄游的时间。

在皮特洛赫里（Pitlochry），为了便民建造了一座大型水坝。水坝很高，阻断了三文鱼的旅程，所以在水坝旁边又建造了水梯，几十个大型蓄水池由低到高蜿蜒排列到水坝顶端，蓄水池的底端有管子相接。这样，三文鱼们就可以顺着人工的阶梯重新回到上游。

贴 为了保护三文鱼，英国很多河流设立了禁渔令，垂钓要持有相关执照，私自钓鱼是违法的事情。产卵的母鱼和小鱼苗也是受法律保护的，即便不小心钓上来了，也必须放回去哦。

水梯里建有透明的观察玻璃，游客可以从水底观察三文鱼的情况。另外还设有计数器，会统计游过大坝的三文鱼数量。我们看的时候已经有 2700 多条游过去了，成绩不错的样子。

据说，平均每年有 5000 条三文鱼游过大坝，但是能顺利到达大海的只有几条。这几条最终还是会回归它们的出生地产子，然后小鱼再游一遍它们父辈游过的路程。这些生物一生追寻一个目标，在我心目中顿时伟大了起来。但是导游接着又说，也就是因为经历了这样的长途跋涉，所以苏格兰的三文鱼肉质特别紧致，是一道绝佳的美味。

听完，我整个人都不好了。

我们来到了整个旅程的最后一站，圣安德鲁斯（St Andrews）。

苏格兰是高尔夫的发源地。细数苏格兰的高尔夫球场，其中最有名的要数已有 600 多年历史的圣安德鲁斯老球场（St Andrews Old Course）了。

世界上所有的高尔夫球员都梦想着能脚踏此地，顶着苏格兰捉摸不定的怪风在这里挥杆。当然，并不是所有的人都能来这里打球，因为名额有限，必须提前预订，然后抽签，抽中的人才能在这里体验一把。

我们去的时候遇到不少老太太在旁边的小球场上练习推杆。从她们当中穿过的时候，一位老太太把球打到了走道上，热心的导游把球捡起扔了回去，结果引来她一阵抱怨，说我们破坏了她的纪录，并和导游一来一往地争论球到底掉在什么地方，然后放在差不多的地点继续她们的比赛。导游一边笑一边对我们说："你们看，连老太太都这么认真地打球，可见这里对这一活动的热衷了吧。"

圣安德鲁斯大教堂（St Andrews Cathedral）位于海边的高地上，修建于1160年，曾经是英国最古老的大教堂，有“苏格兰中世纪最伟大的建筑”之美誉。可惜后来在宗教改革的运动中被烧毁，现在只留下一些断壁残垣和各种墓碑。

英国人喜欢在教堂旁边安置自己的身后归属之地，觉得这样离上帝更近。从墓碑的位置可以看出这个人生前的社会地位如何。在英国走过不少墓地，这些墓碑下面也确确实实埋着不知道多少年才能往生的人，但是所有的墓地都没有阴森恐怖之感，反而给人一种平静祥和的感觉。

导游特意带我们去看了高尔夫历史上最传奇的父子档老汤姆·莫里斯（Tom Morris Sr.）和他儿子小汤姆·莫里斯（Tom Morris Jr.）的墓碑。

老汤姆·莫里斯于 1821 年出生于圣安德鲁斯，他是英国高尔夫公开赛历史上年纪最大的冠军，夺得冠军的时候已经 46 岁了。可惜后来这位受人尊敬的先驱者从俱乐部的楼梯上摔伤，几个月后因伤痛而死。

而他的儿子小汤姆·莫里斯则是英国高尔夫公开赛历史上年纪最轻的冠军，夺得冠军的时候只有 17 岁。

不过从墓碑上看，小莫里斯 24 岁便早逝，真可谓天妒英才。

可惜白发人送黑发人，尤其还是这样一位优秀的儿子，老汤姆·莫里斯当时的伤痛可想而知。所以两人死后的墓碑紧紧相依，也算是给这对传奇父子一个慰藉吧。

自由活动的时候，导游特别提醒我们，有时间可以去北街的北点咖啡坐坐，那里是凯特王妃和威廉王子曾经约会的地方。听说最开始那里的咖啡只卖 1 英镑一杯，但因为是两位公众人物的约会地点，所以有很多观光客会专门去那里坐坐，现在咖啡全线涨价，我们去的时候是每杯 1.5 英镑。

咖啡店并不大，淡黄色涂漆的外墙搭配红色木框窗户，挺清新淡雅。橱窗上店主还打出了“WHERE KATE MET WILLS”的字样。

进去的时候，人坐得满满当当。点了咖啡和胡萝卜蛋糕，然后看着窗外安静的街道，幻想一下自己是灰姑娘，等着王子的出现。

教堂就在海边，在教堂参观完毕，我们和同行的几个人一起顺着小道走到了海边沙滩。

宽广的大海就在我们面前，阳光正灿烂，海风也很舒服，几个人一起在海边的大石头上蹦蹦跳跳地拍照留念。

我每到一个地方，总喜欢带些沙子回来，这次也不例外。蹲下身子装沙子的时候发现沙滩上有不少海玻璃，还有各色可爱的贝壳，顿时眼睛发光，捡了不少。

回来后拿了个玻璃小瓶子把捡的东西装起来，看着就能回想起那天温暖的阳光及海浪的声音。

因为是毕业季，所以一路上经过大学的时候，我们都摸进去参加了他们的毕业典礼，格拉斯哥大学和圣安德鲁斯大学都留下了我们两个学渣的身影。

到底是苏格兰的大学，毕业的学生们好多都穿着苏格兰传统服饰，每次有英俊的帅小伙从我身前走过时，我总忍不住去看他们的裙子。

行程结束，9 个人互相道了别。3 天的相处让大家都熟识了，互相留了微信号，网络上再联系吧。

从爱丁堡坐车回到伦敦，走出火车站，发现天下着小雨。拖着行李挤地铁实在不方便，所以和梨桑决定体验一把打车的感觉。

伦敦的出租车一溜黑色，圆鼓鼓的车身和双层巴士一样，都是伦敦的代表物。黑色出租车（Black Cab）内最多能容纳 5 名乘客，副驾驶没有设置座椅，所以不能载客，但是可以摆放行李，乘客都是由后门上车。车厢内的座椅和国内常见的不同，为两排面对面摆放。车厢很宽敞，两排座椅之间可以容纳一张轮椅。司机座位后面的一排座椅是可以向上翻折收起来的，这样即便大件行李不放在后备厢中，也可以保证出租车内可以坐下 3 名乘客。

空车随招随走，但是和国内不一样，黑色出租车是按照时间收费的。每当红灯亮起或者堵车的时候，司机悠闲地把手搭在车窗上，我们看着跳动的表盘心惊肉跳。

0.2 英镑、0.2 英镑、0.2 英镑、0.2 英镑……这样加上去。怪不得刚到伦敦的时候 W 君就和我们说千万别打车，遇到堵车的时候，坐在出租车上想死的心都有。

好在我们的路程不长，而且只是小堵了一下，最后收费十几英镑，才松了一口气。

11

# 梦想中的学府

6 月份正是毕业季，恰巧 W 君要去参加他妹妹在剑桥大学的毕业典礼，顺带也邀请了我们同去。

约定碰面的地方是国王十字站（King's Cross Railway Station）。对于我这个纯粹的哈迷来说，这个地方就是神一般的存在。鼎鼎大名的哈利·波特就是在这个地方穿过九又四分之三站台到达魔法世界的。

之前听说英国人确实在车站的 9 号和 10 号站台之间设置了九又四分之三站台的站牌，也许因为合影留念的影迷实在太多影响到正常的交通，所以将车牌转移到了车站的其他地方。一进车站，我就立马开始寻找这个站牌，转了几圈，突然看到有不少人在一面墙前拍照，就知道自己找到了。

如果没有影迷拍照，这个小小的景点非常容易被人忽略。砖墙上除了不起眼的黑色站牌和半截嵌入墙壁的手推车以外，就什么都没有了。不过看到这些的时候我已经很激动了，立马上前在站牌下拍了照，恨不得冲过墙壁去那边的魔法世界，可惜我们这些麻瓜永远只能生活在墙的这头。

旁边有一家小小的周边店，出售哈利·波特的各色周边商品，有各个学院的学袍、怪味豆和巧克力青蛙，价格都小贵，所以只买了一枚纪念冰箱贴就离开了。

和 W 君他们会合后，买了车票，迅速上了车。

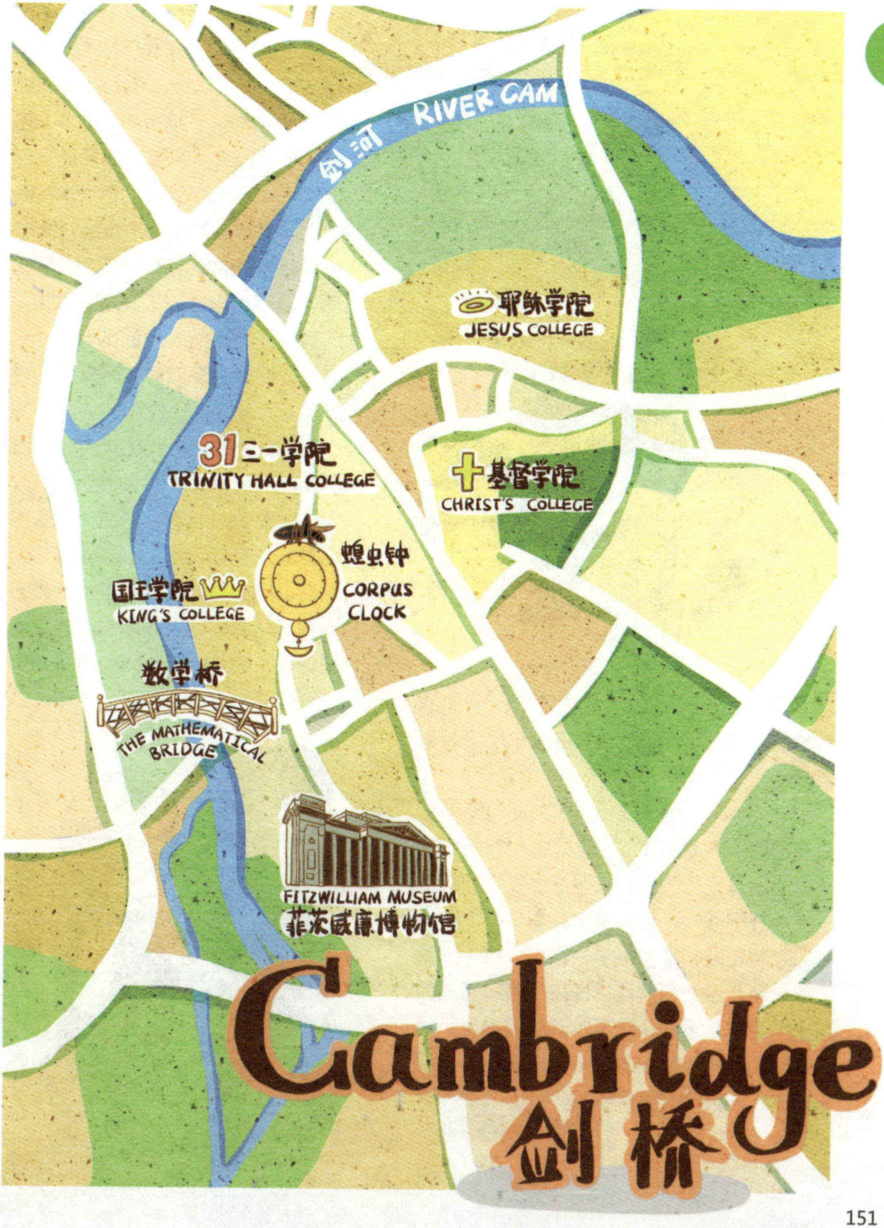
RIVER CAM
剑河
耶稣学院
JESUS COLLEGE
31 三一学院
TRINITY HALL COLLEGE
基督学院
CHRIST'S COLLEGE
蝗虫钟
CORPUS CLOCK
国王学院
KING'S COLLEGE
数学桥
THE MATHEMATICAL BRIDGE
FITZWILLIAM MUSEUM
菲茨威廉博物馆
Cambridge
剑桥

说起剑桥大学（University of Cambridge），我们都会想起《再别康桥》和徐志摩，也都会背诵那句著名的诗句：“悄悄的我走了，正如我悄悄的来；我挥一挥衣袖，不带走一片云彩。”所以剑桥大学在很多文学青年心目中的地位绝对高于同样有名的牛津大学。不过据 W 君说，剑桥大学并没有叫康桥的桥。因为穿过剑桥的那条河 River Cam，英文翻译过来是康河，而康桥是对康河上所有桥的总称。

历史上的剑桥大学实实在在培养了不少影响世界的人物，比如达尔文、牛顿、培根、拜伦……这里也是诞生诺贝尔奖得主最多的学府。想着以前都是在书本上才能了解的人物，马上就可以踏上他们曾经走过的路，看他们曾经看过的风景，心中满是期待。按捺住内心的激动，一边欣赏窗外的田园景色，一边坐着火车缓缓朝剑桥出发。

一个小时不到，剑桥到了。此时天下着蒙蒙细雨，不冷不热，路边的植物被雨水滋润得泛出青绿色的微光，叫不上名字的花也一簇簇开得灿烂。因为是毕业季，路上随处可见穿着正装和套着袍子的学生，每一张脸上都透着年轻的朝气。也许和你擦肩而过的某个学生就是下一个诺贝尔奖的获得者，也许刚刚和你打过照面的某个教授就是一位你不知道名字的大物理学家。

# MV̄DVS TRANSIT, ET CONCVPISCĒTIA EIVS

W 君带着我们在剑桥里随意闲逛。走了没多久，遇见一幢金色建筑，31 个学院中最有名的国王学院（King's College）到了。这座成立于 1441 年的学院，由亨利六世设立，因此得名。这个国王亲自设计了其中最著名的国王学院礼拜堂，可惜工程浩大，这座礼拜堂耗时 100 多年才得以完成，想必没有亲眼看到它的完成是这位国王的一大遗憾吧。学院的入口门楼采用哥特式的建筑风格，远远看过去像城堡一样华丽。不过很可惜，正值毕业季学院停止对外开放，所以只能在门口一窥它的美丽便匆匆离开。

“Look，看那里，” W 君指着国王学院不远处招呼我们，“这就是剑桥著名的蝗虫钟了。”

蝗虫钟原名圣体钟（Corpus Clock），国人喜欢称呼它为蝗虫钟。它坐落于基督圣体学院泰勒图书馆外面的街道上，对面就是国王学院。

走近一看，金黄色的巨大钟面上，一只黝黑的蝗虫趴在顶端，它伸展四肢往前爬，时钟转盘就跟着一起转动，底下的钟摆缓缓左右摆动，发出厚重的声音。蝗虫长得很丑陋，丝毫没有美感，有点让人害怕，而钟面光滑、富有设计感，外橱窗玻璃又映出对面的国王学院，三者对比出奇妙的戏剧感受。时钟最下面有石刻铭文“mundus transit，et concupiscentia eius”，意为“这世界和其上的情欲都要过去”。W 君说，这个时钟寓意为“时间就像被蝗虫吃了一样一去不复返”。

走到女王学院的时候，W 君指着旁边一条小河上面一座不起眼的小桥向我们介绍，这就是著名的数学桥（The Mathematical Bridge），又名牛顿桥，传说是牛顿设计并建造的，整座木桥没有用一个钉子。后来有学生为了研究其构造将它拆除，却没有办法再拼接起来，只好用钢钉将它固定复原。不过这只是传说，数学桥和牛顿一点关系也没有，此桥建于 1749 年，而牛顿则于 1727 年辞世。它是在牛顿死后由一位名叫詹姆斯的人设计并建造的，可见名人效应自古就有，什么东西和名人一沾边就立马也星光璀璨了起来。

匆匆参观了一大圈，又走回康河旁边。河面上停泊着一只只狭长扁平的木质小船，年轻的船夫们撑着长杆站在船头，这就是享有盛名的剑桥撑篙（punting）了。

不知道当年徐志摩是否也曾坐着小舟，缓缓漂荡在康河上，从康桥下穿过的时候心中便有了那首著名的《再别康桥》。

可惜天公不作美，当时下着小雨，考虑再三，还是放弃了乘坐已经湿漉漉的小舟，在岸上看了好一会儿，带着一些遗憾离去。

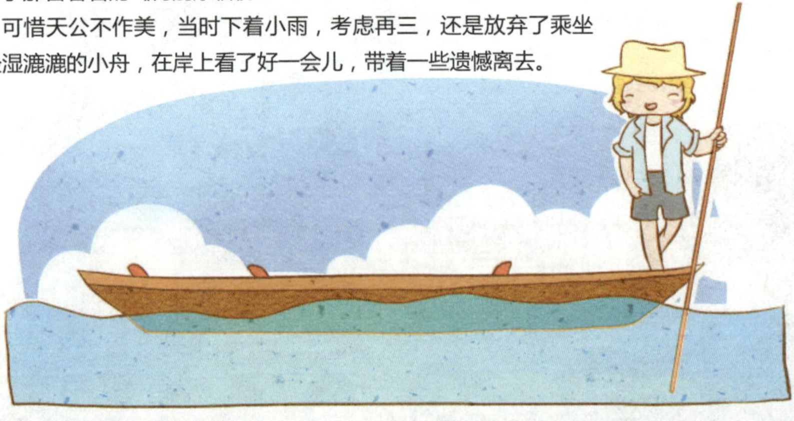

看看时间差不多了，我们向基督学院（Christ's College）赶去。

W 君的妹妹是这个学院的毕业生，所以他们全家应邀过来参加毕业典礼。

圆形草坪上人头攒动，学生们穿着黑色的袍子，家长们身着正装，手拿红酒杯，互相碰杯合影。趁着 W 君他们合影留念的空当，我和梨桑装模作样混在人群中。身边都是剑桥的毕业生和教授们，这也算是我们人生中难得的经历了。我和梨桑当下决定，若干年后我们家孩子考大学，就可以大言不惭地和他说："你爹妈可是在剑桥大学参加过（别人的）毕业典礼的哦，你也要好好学习，努力考取好的大学，登上人生巅峰哦。"

# 学士袍的种种

仔细观察了学生穿的袍子，发现身后帽子边的颜色各有不同。问了 W 君，他告诉我们，不同的学院会有不同的毕业袍子，这个袍子不同于平时吃正餐时穿的袍子，只有毕业的时候才会穿，所以学生都是租来穿一次。我暗暗想，如果我是剑桥毕业的，绝对自己买一件然后收藏一辈子，逢人就拿出来炫耀下，看，我可是剑桥毕业的。嗯，学渣和学霸的世界果然是不同的。

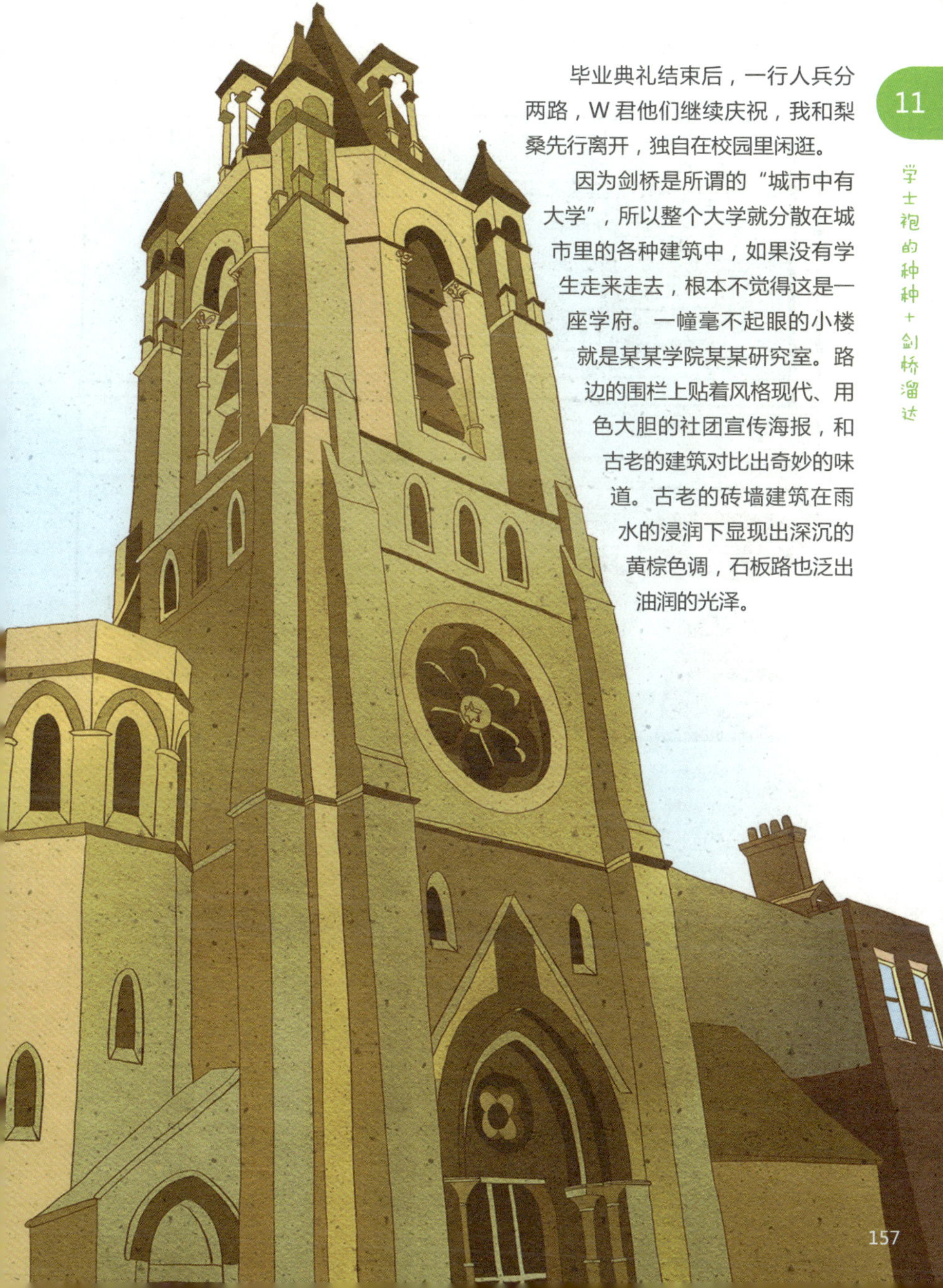

毕业典礼结束后，一行人兵分两路，W 君他们继续庆祝，我和梨桑先行离开，独自在校园里闲逛。

因为剑桥是所谓的“城市中有大学”，所以整个大学就分散在城市里的各种建筑中，如果没有学生走来走去，根本不觉得这是一座学府。一幢毫不起眼的小楼就是某某学院某某研究室。路边的围栏上贴着风格现代、用色大胆的社团宣传海报，和古老的建筑对比出奇妙的味道。古老的砖墙建筑在雨水的浸润下显现出深沉的黄棕色调，石板路也泛出油润的光泽。

在剑桥闲逛时看到一只坐在艺术品展示橱窗里的猫咪。

猫咪不愿意走，
店主表示有点头痛……

没走多远看见一家糖果店，一进门差点手舞足蹈起来。小店里各色的糖果整整齐齐地码在柜子里，古老的木质地板走上去咯吱作响，一瞬间觉得自己穿越到了童话世界。一个小姑娘从我身边穿过走到柜台边，指着柜台上一个装满各色糖球的圆形玻璃罐，年轻的店主打开罐子等着她挑选颜色。小姑娘买了红色又换了蓝色，买了黄色想了想又换成绿色，店主耐心地等着她选定心仪的颜色。小姑娘付了钱，心满意足地带着她的两粒糖果离开。我上前看了眼价格，60 便士一粒，很亲民。把所有的颜色都选了一粒，店主用纸袋装好递给我。纸袋里像装着彩虹一样，突然让我整个人都明亮起来。

出了店门我拿出一粒丢到嘴巴里，淡淡的甜味慢慢在口腔里溢开。我把糖含在嘴巴里，边吃边吞吐着玩，梨桑看了一眼，说 ："你的糖变颜色了。" 我把糖拿出来一看，原本蓝色的糖果变成了绿色。过了一会儿再看，又变成了红色。原来糖果由一层层不同颜色的糖衣包裹住，含在嘴巴里慢慢融化就会出现不同的颜色。我不仅把彩虹装在了袋子里，还吃进了嘴里。

满心欢喜地带着一包糖果，好像带着整片晴朗的天空，心情都变得彩色了起来。

# 好多名人啊

在英国的倒数第二天。

因为之前行程一直很满，到最后才找了半天硬是把心心念念的威斯敏斯特大教堂(Westminster Abbey ) 给安排进去了。

威斯敏斯特大教堂是英国地位最高的教堂，里面除了王室成员，还有很多名人的墓碑和纪念碑。我对于英国复杂又残酷的皇家历史不太感兴趣，所以并没有花太多心思去看王室成员的墓碑，而是花了更多时间去看那些耳熟能详的名字： 牛顿、莎士比亚、达尔文、狄更斯、乔叟……

游客很多，大约排了半个小时的队伍才轮到我们，在门口租了中文解说器，戴着耳机跟着介绍就走了起来。

走在这些先贤的墓碑前，心中确实有一些说不出来的小触动。一下子觉得离他们很近，不是书本上的名字，也不是纪录片里的人物，他们就安息在我的脚下。不过每天面对络绎不绝的游客，想必他们也不算特别安生吧。

这里还是历代国王登基和举行王室结婚典礼的地方，所以在这里时间和生死的概念并不清晰，走在这些墓碑中间，会让人有时间静止的感觉。

一个上午真的看不够，因为里面不许带相机，所以并没有拍照片，只能用画来纪念一下了。

下午坐火车去温莎城堡，从地铁口出来，我在找火车站时，一西装大叔直接上来告诉我，“去 Euston 往左走！”说完又匆匆走了。

到了车站，时间还早，在车站里闲逛。

车站非常漂亮，深褐色的钢架结构撑起拱形的天顶，线条交错间，光线自然地流淌下来。

大理石的地面上贴有“You' ll run into trouble if you run in station.”的标志，配图是一个夸张倒地的人形图案。

火车到了，车门一打开，我就吓了一跳，只见超级英雄们分别站在门两边，顿时穿越到了《生活大爆炸》的世界。

中间实在忍不住找他们合影留念了，在超级英雄们中间，我 178 的身高也显得娇小了许多。

下午太阳火辣辣的，我下了火车到达温莎城堡（Windsor Castle）的时候，后悔自己穿了拖地的长裙，恨不得立马撕了裙摆改成超短裙。

这里是女王三个居住地中的一个，也是世界上有人居住的城堡中最大的一个。

在温莎游览过一次后，填写完个人档案，就可以在半年内再游览一次，所以梨妹在之前游览过后把我们的信息填了进去，这次我们到了检票口就顺利地进去了。

因为这里是王室居住地，所以进门得进行安检。检查我的时候，安检的女警察夸赞我的裙子漂亮，问我在哪里买的。我回答："中国。"硬生生把已经在嘴边的"淘宝"给压了下去。

温莎城堡之所以这么有名，一个重要原因是这里和伦敦的白金汉宫、爱丁堡的荷里路德宫（Holyrood Palace）一样，也是英国君主主要的行政官邸，女王每年会有相当长的一段时间在这里生活。

另外一个原因是它会让人想起历史上那个非常有名的“只爱美人不爱江山”的爱德华八世。爱德华八世是现任女王的大伯，曾经是温莎王朝的第二位国王。这位国王爱上了一位有夫之妇，心心念念想和她结为夫妻（好吧，国王爱上有夫之妇叫浪漫，其他人这样做分分钟被人鄙视再鄙视）。但是这样的事情被王室极力反对（这不废话吗，谁都会反对），后来国王就双手一摊，表示“我也不觉得自己当这个国王有多么快乐，还不如和美人双宿双飞呢”，于是就主动退位了！他成为整个大英帝国历史上第一个也是唯一一个主动退位的君主。这一举动在全国引起轩然大波，当今女王的爸爸本来还想做个闲散的王室子弟，结果被赶鸭子上架成了下一任国王。

这个坑完国家还坑自己弟弟的爱德华八世喜滋滋地得了一个“温莎公爵”的头衔，然后就和他心爱的辛普森夫人一起，在温莎城堡里浪漫地生活了一段时间。

现任女王的父亲乔治六世，也就是这个不靠谱国王的弟弟，患有严重的口吃。本来他属于次子，继承王位的机会不大，但是坑弟的爱德华八世自己没有生育，也就没有了其他可以继承王位的人选，所以乔治六世就接替他哥哥上台了。乔治六世上台后需要面对的第一个问题就是口吃，为此他付出了相当大的努力。而且本来乔治六世没有继承王位的压力，所以他以平常人的方式养育现任女王，女王在一个相当有爱、相当自由的环境下长大，所以当她成为第一顺位继承人后，生活发生了翻天覆地的变化。

命运这个东西真的很奇妙，不经意间，一些人、一个国家的命运就整个被改变了。

贴 关于乔治六世的故事，可以观看前几年的奥斯卡最佳影片《国王的演讲》，里面有详细的记述。

温莎城堡的内部都不允许拍照，我们参观的圣乔治礼拜堂（St. Georges Chapel）、玛丽王后玩偶屋（Queen Mary's Dolls' House）和画廊都有着比其他地方更严格的安保系统，工作人员看到拿着相机的游客，都会要求合上镜头盖。加上下午关闭城门时间较早，所以也没办法坐下来定心画速写，只能凭记忆记录一些画面了。

玛丽王后玩偶屋是英国宫殿的等比例缩微模型，拥有者是现任女王的祖母玛丽王后。

王后玩的东西，用“精美”这个词已经不足以形容了，因为玩偶屋里有真的水电系统，一些用品不光是等比例缩小，而且完全可以使用！里面的香皂、咖啡、酒水都是真的！！

值得一说的是，玩偶屋的图书馆里的藏书都是手工制作的，是完全可以阅读的。连阿瑟·柯南·道尔、拉迪亚德·吉卜林等人都亲手制作了迷你书送给王后。在这类玩具面前，其他的玩具都是渣啊！

因为得到通知，圣乔治礼拜堂下午要做活动，会提前关闭，所以我们先去礼拜堂参观。礼拜堂位于温莎城堡西区中部，建于 1475 年，是一座哥特式建筑，其建筑艺术成就在英国仅次于伦敦市区的威斯敏斯特大教堂 。

这里是历代英国王室的陵墓，包括现任女王的各种亲戚都在这里。同时，教堂还是授予嘉德勋章（Order of the Garter）的重要地方。

嘉德骑士团包括英国君主在内共有 26 名在世者。现任女王、菲利普亲王以及威廉王子等都是嘉德骑士。现在只有英国女王有权颁发勋章，连首相都没权过问女王大人把勋章颁给了谁。在世的嘉德骑士可以在教堂特定的木质座位上方放置自己的旗帜和羽毛头盔。骑士过世后，家属必须归还王室授予的勋章，这枚勋章会继续授予下一位骑士团成员。

勋章纹样上有一条蓝色的吊袜带，这是因为在骑士团成立的当天，有一位伯爵夫人在跳舞的时候掉了一条吊袜带，遭受到其他人的嘲笑，国王爱德华三世非常痛恨别人的这种行为，将这条掉落的吊袜带系在了自己的腿上，说了一句 ："Honi soit qui mal y pense（心怀邪念者可耻）！" 大手一挥，将骑士团名称改为 "嘉德"（吊袜带的英文就是 Garter）。

时间真的好赶，我们是最后一批进宫殿参观的游客，走到一半就有一位工作人员过来边示意大家加快观赏，边加快讲解，因此只能匆匆看一遍就被赶了出来。

温莎是英国唯一一座还住着人的城堡，果不其然，在里面发现不少人家，老头老太们在自己的小花园里晒太阳、打理花草。不知道他们经常看到女王走来走去是不是也能上去唠个嗑，问问女王：“您吃了没？”

临走的时候，走出来一位老爷爷，在太阳下逗狗，我站在旁边逗了几声，他似乎挺高兴，远远地招呼我：“它叫 XX。”

快步走出温莎城堡，再回头。

“女王再见！”

距离上火车还有一段时间，我们身上汗津津的。正巧路过一家冰激凌店，忙不迭地冲进去，趴在柜台上挑选冰激凌。柜台里面各色诱人的冰激凌让我看花了眼，选了一个浅蓝色的冰激凌，又请店员在上面撒上分量十足的五彩糖豆。

心满意足地边走边哨，回伦敦咯。

贴 在英国坐了几次火车，发现进站上车都没有人检票。后来了解到，这里难得有人检票，但是一旦发现有人逃票，会在他的个人诚信记录里留下污点，这个记录会直接影响他在英国的所有活动，包括工作、学习、购物等。

# GOOD BYE 英国

今天是在英国的最后一天，下午就要去机场，所剩的时间不多，所以我们把伦敦塔（Tower of London）作为最后一个景点。

早上在酒店的饭厅里吃了早餐，依旧是英国人的老三样：豆子、烤肠、鸡蛋。

我倒挺适应，只是苦了梨桑，吃得愁眉苦脸。他扒拉着盘子里的豆子，反复念叨：“大饼油条豆浆榨菜手抓饼。”吃了几口就丢下盘子，用牛奶把自己灌饱了。

旁边一桌有一个小正太，蛋杯上来的时候，他手拿小勺，用小勺有一下没一下地敲，敲了半天，蛋壳还是没有破。我觉得应该普及下中国人的智慧，直接拿起蛋在桌角一砸，他的眼神就像是看到了新世界的大门一般。

为少年开启了吃鸡蛋领域的新大门……深藏功与名……

因为从我们的酒店步行到伦敦塔只要 10 分钟，所以早饭后我们如小蜗牛一般慢悠悠地晃荡了过去，但是这成了我们整个英国游最失败的一个决定。作为大不列颠岛上最受欢迎的历史景点之一，我们低估了它的人气。早上 9 点多到了那，门口已经排起长队，游客进入的速度非常缓慢，半天不见队伍动一下，所以我们很快就退缩了，要赶飞机的孩子伤不起！

之前听人说，伦敦塔是个阴气很重的地方。这里是皇家监狱，关押了不少皇亲贵族，也处决了不少人，所以很多游客声称在这里见到过鬼魂。这个地方还养了不少黑乌鸦，中国人认为不祥之物的乌鸦在这里变成了关乎国运的神鸟。英国王室认为，只要伦敦塔中的乌鸦消失，那英国也不复存在了。所以为了防止它们飞走，饲养的黑乌鸦都被剪去了翅膀。想象一下，古老的建筑，时不时出现的鬼影，在墙角扑腾翅膀却飞不起来的黑乌鸦，活脱脱的恐怖片啊。

天气很好，太阳底下坐着有点热，所以找了个阴凉的地方，买了一个冰激凌，远远地看着塔楼发呆。

可惜没时间进去，不过总得留点遗憾才是旅行的意义啊，太完美也就不完美了，对不对？

之前在高地时导游和我们说，英国的草坪特别多。和国内不允许游客踩踏草坪不同，英国人特别喜欢在街边的草坪上晒太阳，所以从伦敦塔折返后，我决定入乡随俗，体验一把在路边草坪晒太阳的感觉。

找了块草坪直接躺下，伸展着四肢。当天的太阳很暖，穿着短袖裸露出手臂，皮肤被阳光晒得微微发烫。远处有人带着大狗玩丢飞盘的游戏，还有两个小孩在踢足球。天空中喷气飞机划出长长的白色直线，将天空分割成不规则的几块。

很惬意啊！

脑袋放空的状态下很容易睡着，我们两个就这样在草地上躺成“大”字形，小小地睡了一觉。

英国行，完美收官了！

中午和 W 君会合，他带我们去机场，还是乘火车慢悠悠地晃荡过去。到了机场，他帮我们处理好机票，叮嘱了几句，便匆匆离去。

我和梨桑在机场处理完退税，开始礼物大采购。

苏格兰特色的黄油小饼干得来上几盒。单一麦芽威士忌是特色，也得带一瓶回家。还有各种奇葩口味的糖果，带回去送给朋友们。梨桑动用私房钱买了一套香水礼盒送给我。最后把写好的明信片投进邮箱。啊！大采购真是畅快淋漓！

因为机票很紧张，我和梨桑的座位是隔开的。从希思罗飞阿姆斯特丹倒还好，行程很短，不觉得难受，但是等坐上阿姆斯特丹飞上海的飞机时，我才知道噩梦开始了。

我的座位位于三个连排座位的中间，两边分别是五大三粗的老外。可怜的我成为三明治夹心，默默地忍受了 13 个小时。

快到上海的时候，飞机遇到气流，坐在窗户边的那个老外眼睛死死地盯着窗外的飞机引擎，嘴巴里还不停地念叨着什么，似乎是祈祷上帝保佑之类的，弄得我也紧张起来。

飞机顺利盘旋下降，一颗悬着的心也终于回到原位。

飞机停靠在浦东机场的时候我还有点恍惚，并不觉得自己已经到家了，总觉得出了飞机还能看到那些维多利亚风格的建筑、红色的双层巴士和行色匆匆的各色人种，直到上海 37 摄氏度的高温让我整个人立马感受到了祖国的“热情”。

啊，14 天的行程已经结束，那个很遥远的国度再一次变得遥远了。

我和梨桑擦擦额头冒出的汗珠，异口同声地说 ：

“努力赚钱，下次再出去玩吧！”

下次再见!
再会!

恭喜您已开启“UK”版图
语言+1
生活技能+1
Level 1→Level 2

是否进行新的冒险？

是　　否

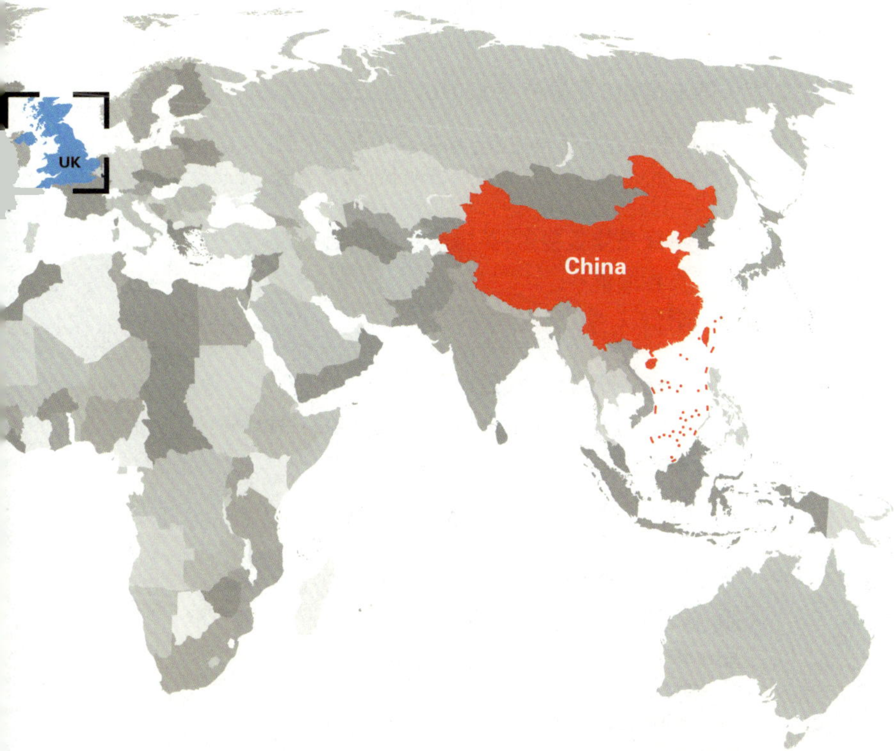


旅途继续中……

图书在版编目（CIP）数据

不只是炸鱼薯条：英国萌绘旅行记 / 飞客流依著绘. — 杭州：浙江科学技术出版社，2017.7

ISBN 978-7-5341-7398-1

Ⅰ.①不… Ⅱ.①飞… Ⅲ.①英国-概况
Ⅳ.①K956.1

中国版本图书馆CIP数据核字（2016）第321373号

本书中旅行地图是作者手绘完成，为旅游路线示意图，不具有正式制作的国家地图性质，不具有正式地图的准确性，仅供参考，特此说明。

书　　名　不只是炸鱼薯条：英国萌绘旅行记
著　/　绘　飞客流依
部分照片提供　李哲轶

出版发行　浙江科学技术出版社
地址：杭州市体育场路347号　邮政编码：310006
办公室电话：0571-85176593
销售部电话：0571-85176040
网址：www.zkpress.com
E-mail：zkpress@zkpress.com

排　　版　杭州兴邦电子印务有限公司
印　　刷　浙江海虹彩色印务有限公司

开　　本　850×1168　1/32　　印　张　5.75
字　　数　110 000
版　　次　2017年7月第1版　　印　次　2017年7月第1次印刷
书　　号　ISBN 978-7-5341-7398-1　　定　价　35.00元



责任编辑　梁　峥　　责任校对　赵　艳
责任印务　田　文　　特约编辑　张　丽